別自以爲很有道理 其實他人都在笑你

巧妙化解尷尬氣
讓你完美控制全

假裝糊塗
正話反說
自我解嘲

許奕廷，布德 編

試圖炒熱氣氛HIGH翻全場，結果無人回應超級尷尬；
壁咚女孩子問一句正妹給虧嗎，只換來大白眼外加一記耳光；
每次想要發表意見都碰得一鼻子灰，爲什麼人家不願意聽你講話？

溝通前請記得：
你是在與「別人」說話，不要一味活在自己的世界！

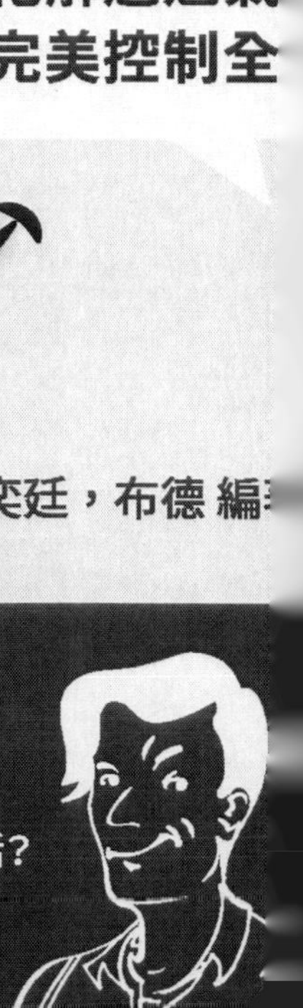

目錄

目錄

第二章　有效溝通始於良好心態

第三章　洞悉對方心理，深入對方內心

第四章　把話說到別人心坎上

第五章　面對尷尬，妙用幽默化解

目錄

第六章　克制自己的不良情緒

第七章　適當運用身體語言有助於溝通

目錄

前言

溝通存在於我們每個人的生活中，是增進情誼、解決問題不可或缺的方式。在工作中，溝通有助於我們建立和諧的工作關係；在生活中，溝通有利於我們發展親密的朋友情誼；在家庭中，溝通有益於我們營造融洽的家庭氛圍。

松下幸之助說過：「過去是溝通，現在是溝通，未來還是溝通。」這足以說明，溝通始終伴隨人類的活動，我們對於溝通的學習，永無止境。

如果你學識淵博，卻因不善言辭而致無人賞識；如果你工作出色，卻總是得不到上司的認可和提拔；如果你面對客戶一讓再讓，而對方始終不滿意；如果你一心為家，卻得不到家人的理解……那麼朋友，你是否想過，這些都是你在溝通上的失敗？

遇到問題及時溝通，我們的生活就會少一些煩惱；溝通時多一些誠意和諒解，在帶給他人快樂的同時，我們自己也會得到滿足。不同的人對同種事物常常存在著不同的觀點和看法，這就導致了人際交往中矛盾和誤會產生的可能。每當人與人之間產生矛盾和誤會的時候，愚蠢的人往往會揮舞著自己衝動的「拳頭」，讓對方強行接受自己的觀點和看法，結果適得其反，對方或者懾於他的淫威而表面屈服，或者挺身而出與其正面衝

前言

突；聰明的人通常會比較理智地面對，用溝通來化解彼此的分歧，用溝通來實現彼此的認同。

溝通作為一種行為，也存在自身的方式與技巧。善於溝通的人有著良好的溝通方式和諸多溝通技巧。本書將幫助讀者充分認知並改變自己溝通上的弱點，掌握良好的溝通方式和更多的溝通技巧，進而成為一個具有影響力的溝通高手。

編者

第一章 善於溝通，人生更精彩

在現實生活之中，每個人都不可避免地要與他人交往，而正常交往也就離不開順暢的溝通。善於溝通的人，會擁有較好的人際關係，具備較強的做事能力，獲得更多的成功機遇。

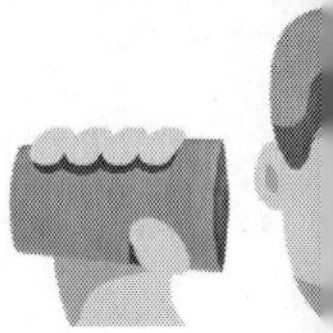

用尊重營造和諧溝通

廣播員小瑛在參加大學面試前的故事為我們樹立了一個尊重他人的榜樣。

那年夏天，A大學廣播學系面試招生。初試那天，小瑛找了篇短文臨時抱佛腳。在校門口，她遇見一位白髮蒼蒼的老人，從穿著上看，老人可能是個警衛。

小瑛心想，即使是個看門的警衛，耳濡目染也差不到哪去，何不請他幫忙聽一聽自己的發音。老人家見小瑛又禮貌又誠懇，不但沒有拒絕，居然還幫助她糾正了幾處發音。結束了，老人家笑著對她說：「還不錯，十有八九能考上，但還需加加油。」

小瑛萬萬沒想到，進了考場，主考官的位置上坐著的竟然是自己誤認為「看門警衛」的那位老人。後來，小瑛才知道那老人就是廣播界的權威張頌教授。本來就沒有太多心理壓力的小瑛輕鬆回答，沉著應對，終以優異的成績叩開了廣播專業高等學府的大門。

尊重他人，是中華民族的傳統美德。尊重他人不是同情、憐憫，更不是賞賜，尊重他人就等於尊重自己。尊重不是單向的，而是相互的。夫妻在朝夕相處中學會尊重對方，才能使愛天長地久；同事之間在工作中學會尊重對方，才能使友誼之樹常青；鄰里在相互諒解中尊重對方，才能和睦相處；上級長輩在責備中學會尊重對方，才能使其認知錯誤，不斷成長進步。

在現代企業大力宣導「以人為本」的大背景下，尊重員工就成為企業領導者必備的一項基本素養。企業領導者無論是在上司還是在下屬面前，都要保持謙遜和禮貌的態度。把自己的位置看得很重，對下屬頤指氣使、呼來喚去的人，只會引起下屬的反感和厭惡。想讓下屬怎樣對待你，就要怎樣對待下屬；要想贏得下屬的尊重，首先就應該尊重下屬。領導者要將尊重員工看作是提升自身形象，滿足員工需求，提升企業整體凝聚力和競爭力的重要途徑。多用一些敬語不僅不會降低你的威信，反而會提升親和力和人格魅力。比如，「小李，請你來我辦公室一下」和「小王，過來一趟」，多一個「請」字感覺會大不相同。

> 某位商人看到衣衫襤褸的鉛筆推銷員，出於憐憫，他塞給那人五百元。不一會兒，商人回來，拿了幾支鉛筆，並抱歉地解釋自己忘了拿筆了。臨走前，商人又說：「你跟我都是商人，因為你也有東西要賣。」幾個月後，他們再次相遇，那賣筆的人已成為推銷商，充滿感激地對商人說：「謝謝您！您給了我自尊。是您告訴了我，我是個商人。」

給需要幫助的人一些力所能及的幫助，很多人都可以做得到，可是能在幫助他人的同時考慮到他的自尊，卻未見得人人都能做得到。在這一點上，那位商人的確令人敬佩，因為他懂得尊重他人。尊重他人使他人擁有自尊和自信。商人的幾句話讓鉛筆推銷

員從「乞丐」的自卑中解脫出來，自信地踏上經商之路。

人格是個人最神聖的領地。人皆希望被注意、被尊重。你尊重了他，他會覺得自己的生命不再僅屬於自己，也屬於你。為什麼有時候我們感到與一些身心障礙人士不容易溝通，因為他們在人際交往中常常得不到尊重，漸漸封閉了自己。一旦你尊重他，以平等的身分待他，他會熱淚盈眶，敞開心扉，讓你在他心靈中遨遊。

一次在大街上，一個行乞的老人攔住了福樓拜（Gustave Flaubert），請求施捨。福樓拜一摸口袋，發現身上沒帶錢，於是對老人說：「兄弟，很抱歉，今天沒有帶錢出來。」一句話，老人熱淚盈眶，喃喃道：「啊，不，先生，您給了我比金錢更珍貴的東西。上帝保佑您！」

齊國大旱，民不聊生。一個人在路口置鍋施粥。這時，來了一個衣衫襤褸、面黃肌瘦的男子。施粥人大喊道：「喂！過來喝粥！」男子卻始終沒有理他，最後餓死在路旁。本來施粥人心地善良，施粥於路口，不失為善之舉。因為一句不太注意人尊嚴的話，而令那位自尊心強的難民不食嗟來之食，寧願餓死。

其實，尊重是相互的。千萬不要把自己打扮成救世主的樣子。沒有誰比誰高貴，也沒有誰比誰卑下，大家都是平等的。為人處世，要做到不亢不卑。

尊重的態度都會被反彈回到自己身上。當你想到別人的時候，一定要向積極正面的方向思考，不斷地設法讓別人覺得他自己很重要。這樣，你也會獲得他人的尊重。

溝通處方

真誠地面對與自己溝通的人，尊重對方，對方也會真誠地對待你，尊重你，這樣你們之間溝通起來就會很順利。

顧及他人的顏面

一位女孩費盡周折才在一家高級珠寶店找到銷售員的工作。女孩知道這份工作來之不易，因此工作非常努力。

一天晚上，在珠寶店快要關門的時候，來了一位穿著破舊的男子。男子滿臉哀愁，用一種渴慕的眼光盯著櫃檯裡琳琅滿目的珠寶。

女孩正在整理一批珠寶。就在這個時候，旁邊的電話響了。急著接電話的女孩不小心把正在整理的珠寶盒子打翻，六枚精美絕倫的鑽石戒指落到了地上。女孩看到這突發情況，趕快走出櫃檯尋找那掉到地上的六枚戒指。

女孩找來找去只找到了五枚，剩下的那一枚，無論如何也找不到了。女孩急得滿頭大汗。突然，她看到那個穿著破舊的男子正向門口走去。女孩忽然明白，肯定是他順手牽羊拿走了。

就在那個男子的雙手觸及門柄的時候，女孩追了上來，心平氣和地說道：「先生，對不起，打擾一下。」

「什麼事？是叫我嗎？」男子臉上有些不安的情緒。

女孩稍微整理一下思緒，幾乎是用央求的口氣說：「先生，這是我好不容易才找到的一份工作。現在找個工作很難，想必您也深有體會，是不是？」

男子的臉上掠過了一絲笑意，隨後滿臉通紅，非常抱歉地說：「是的，確實如此，但是我能肯定，你在這裡會做得不錯。我可以為你祝福嗎？」男子說完這席話之後，把手伸向女孩。

「謝謝您的祝福。您是個好人，我也祝福您。」女孩說著，也伸出了手。兩隻手緊緊地握在一起。

之後，男子轉身離開珠寶店。女孩看著男子離開之後，把手中握著的第六枚戒指放回原處。

與人溝通，首先要做到的就是尊重對方，使對方有自尊感和自重感，這一點對於我們和別人愉快地交談、融洽的相處有著至關重要的作用。其實，別人的這種自尊感和自重感就是我們平時所說的「顏面」。

保全別人的顏面顯然很重要。然而，在現實生活中，這個問題似乎沒有引起我們的注意。我們更樂於直接指出別人的錯誤，採用一種踐踏他人情感、刺傷別人自尊的方法，來滿足自己的虛榮和自尊。我們往往很少考慮別人的面子，更喜歡挑剔、擺架子或是在別人面前指責他人，而不是認真考慮幾分鐘，說出幾句關心他們的話。

事實上，如果我們能夠設身處地為別人著想，然後發自內心地關心別人，那麼情況就不會尷尬了。

綺麗兒剛上班，電話就響了。綺麗兒拿起話筒，聽到的是一個焦躁憤怒的聲音，對方拒絕收貨，原因是木材檢驗報告有百分之五十五不合格。

綺麗兒基本上能猜到問題的所在，立刻搭車前往對方工廠。要是以前，綺麗兒會決定到了那裡，馬上拿出「材積表」，翻開法規，引經據典地指責對方檢驗員的錯誤，斬釘截鐵地斷定所供應的木材是合格的。

可是這一次，綺麗兒剛剛參加了卡內基培訓班，學了許多卡內基處理人際關係的原則，她決心學以致用，既不傷客戶的面子，又使問題得到妥善合理的解決。

供應科長板著面孔，木材檢驗員滿臉慍色，沒有一個好臉色面對到來的綺麗兒。

綺麗兒見到他們，笑了笑，根本不提木材品質問題，只是說：「讓我們去看看吧。」

他們悶不出聲地走到卸貨卡車旁邊。綺麗兒請檢驗員把不合格的木材一一挑選出來，擺在另一邊。

綺麗兒看檢驗員挑選片刻，發現她的猜測沒有錯，檢驗員檢驗得太嚴格了，而且他把檢驗雜木的標準用於檢驗白松。

在當地，綺麗兒檢驗木材還算專業。但是，他沒有對這位檢驗員做出任何指責，只是輕聲細語地詢問檢驗員木材不合格的理由。綺麗兒一點也沒暗示他檢驗錯了，只是反覆強調是向他請教，希望今後送貨時，能完全滿足他們工廠的品質要求。

由於綺麗兒和顏悅色，以一種非常友好的合作態度虛心求教，檢驗員慢慢高興起來，雙方劍拔弩張的氣氛也緩和了。檢驗員坦率地承認，他對檢驗白松的經驗不多，並反過來問綺麗兒一些技術問題。

綺麗兒這時才謙虛地解釋，運來的白松木材為什麼全部都符合要求。綺麗兒一邊解釋，一邊反覆強調，只要檢驗員仍然認為不合格，還是可以調換的。

最後，檢驗員自己指出，他們把木材等級搞錯了，按合約要求，這批木材全部合格。

有些時候，責備他人不一定非要直白地進行。我們完全可以委婉地、間接地達到自己的目的。如果你能夠在保住他人自尊的情況下指出別人的錯誤，他人更能夠接受你的意見。

溝通處方

顧及他人的顏面，同他人提出責備或指責時，他人就會更樂於接受。這樣，你才能達到溝通的目的。

心裡雖然明白，表面假裝糊塗

一位實驗室老師在一次實驗課後丟失了一面凸透鏡。他經過操場時，偶然發現幾位同學正拿著一個凸透鏡在陽光下玩耍。這幾位同學發現了實驗室老師後，神情非常驚慌。實驗室老師明白了丟失的凸透鏡正是這個。

實驗室老師向這幾位同學走來，並沒有責怪他們，而是笑著說：「喲，這凸透鏡找到了，謝謝你們啊！昨天我到實驗室準備實驗用品時，發現少了一個凸透鏡。我想大概是搬遷過程中丟失了。我沿途找了好幾遍都沒有找到，謝謝你們幫我找到了這個凸透鏡。這樣吧，你們繼續做實驗，下午還給我也不遲。」

這幾位同學鬆了一口氣，連忙答應下來。下午，他們自覺地把凸透鏡送還給了實驗室老師。

這位實驗室老師很聰明。他故意裝糊塗，說是同學們幫助自己找到了凸透鏡，將責備化成了感激，自然令同學們在擺脫尷尬的同時也羞愧不已。老師的目的順利達到了，同時也維護了同學們的自尊心。

很多時候，裝裝糊塗、說說糊塗話還是很有好處的。生活中，人們一定會遇到許多令對方「難堪」的情境。對此，我們可以借助於「糊塗」，「忍讓」一下，不斤斤計較，暫時「吃點小虧」，做點「退讓姿態」。這種「糊塗」可以給對方解圍，也能讓對方對你產生感激之情。

一家旅館招聘侍者，面試求職者時說：「有一天，當你走進客人的房間，發現一女子正在裸浴，你應該怎麼辦？」

求職者爭先恐後地搶著回答。

有的說：「對不起小姐，我不是故意的。」面試官聽後，搖了搖頭。

有的說：「小姐，我什麼都沒有看見。」面試官聽後沉默不語。

最後，有個求職者說：「對不起，對不起先生。」結果，他被錄取了。

被錄取的求職者巧妙地使用了糊塗的語言，使客人得到了心理上的安慰，同時也得到了面試官的賞識。

在生活中，你經常會碰到一些不想回答但又不能不回答的問題。這時候，你可以巧妙地使用糊塗語言回答。

心裡雖然明白，表面假裝糊塗

阿根廷著名足球運動員迪亞哥．馬拉度納（Diego Maradona）在世界盃上和英格蘭球隊相遇時打入的第一球是頗有爭議的「手球」。傳聞，一位記者曾拍下了「用手拍球」的鏡頭。

賽後，有位記者問他：「那個球是手球還是頭球？」他機敏地回答：「手球一半是迪亞哥的，頭球一半是馬拉度納的。」馬拉度納的回答是故意在裝糊塗，卻頗具心計，倘若他直言不諱地承認「確實如此」，那麼無疑承認了這場比賽的不公平性。但是，如果不承認，又有失足球的風度。這妙不可言的「手球一半」與「頭球一半」，等於既承認了球是手臂撞入的，頗有明人不做暗事的大將氣度，又在規則上肯定了裁判的權威，具有君子之風。

在與人交流時，使用糊塗語言是很重要的。其中非常重要的一個用處，就是能夠給人臺階下，使雙方皆大歡喜。

裝糊塗在人際相處上很重要。心胸開闊些，寬容大度些，也就大事化小，小事化無。如果發生意見不一致，爭論一陣，分不出高低，便不必再爭論了。沒有多少原則性的大是大非，何必非爭個清楚明白呢？你認為自己的意見正確，對方同樣認為自己正確，這樣，就應當裝糊塗，讓爭論在平和的氣氛中結束。

有時候，話說得過於明白真實，反而達不到好的效果。如果能夠說得含糊一點，說

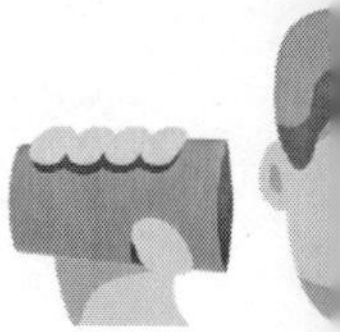

不定會產生更好的作用。在現實生活中，糊塗語言有著廣泛的應用。碰到一些很尷尬的情景的時候，糊塗語言就能派上大用場。

遇事要不自作聰明，學會給人面子，留餘地。糊塗不是昏庸，而是為人處世的豁達大度，拿得起，放得下。辦事糊塗學告訴人們不要太固執，要學會想得開，看得開。該糊塗的時候就糊塗，只有這樣才能把事情辦成功。

常言道：「大事清楚，小事糊塗。」對原則性問題，要清楚，處理要有準則，而對生活中無原則性的小事則不必計較。

清代著名詩人、書畫家鄭板橋曾寫過一個「難得糊塗」的條幅，條幅下面還有一段小字：「聰明難、糊塗難，由聰明轉入糊塗更難……」自然，這裡講的「糊塗」是指心理上的一種自我修養，意在明白事理，胸懷開闊，寬以待人。

對於日常工作、生活中的許多糾紛與小事，在雙方感情好時常常被忽略，而感情不好時就會被放大，搞得雙方劍拔弩張。心理學研究顯示，感情常常帶有盲目性、衝動性和時間性，聰明的人在處理這類糾紛時常採用「不置可否」、「順其自然」的方法，也稱為「冷卻法」。人們的感情衝動常會因時間的消逝而冷靜下來，此時再看這些糾紛是何等的不值得，矛盾也會隨之化解。倘若過分熱衷於搞清誰是誰非，一味地斤斤計較，或只顧發洩心中的憤恨，則無異於「火上澆油」，反而會激化矛盾。

在處理某些感情衝突時，在適當的情況下，「糊塗」一下是很有必要的，尤其是當你處於困境或遭遇挫折之時，「糊塗」更能顯示出它的價值。它會幫助你消除心理上的痛苦和疲憊，甚至逾越難以想像的鴻溝。這是因為，「糊塗」也是樂觀主義精神的一種展現。

古人說：「己所不欲，勿施於人。」如果每個人都能設身處地地為別人想一想，人間自然會多一些快樂。處處搶先、事事佔便宜的人多半要付出更高的代價。一切事只要自己問心無愧，不曾主動與人為敵就可以安心了。如果一味拘束於別人的看法、世人的議論，會活得很累。

宋朝宰相韓琪，以品行端正著稱，遵循著得饒人處且饒人的生活準則，從來不因為有膽量被人稱許過。可是，他處理的事情都得到眾人的好評，結果得到了大家的敬重。與之相反的是，《紅樓夢》中的王熙鳳做人可謂精明，倚仗賈母寵愛和自家背景，上欺下壓，最後令眾人生厭，鬱鬱而終。可見，做人不能不精明，但也不能精明過頭。

做人精明露骨，則是一種小聰明。一個人不能把自己的聰明全部都寫在臉上，需要的時候做到揣著聰明裝糊塗，才是真正的聰明，才能在社會上很好地生活下去。

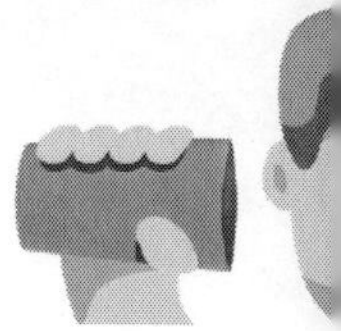

一般說來，「小事糊塗」的人，比起事事處處「精明」的人，人際關係良好，也容易得到別人的認可。

溝通處方

如果事事計較，你會發現沒有一件事是如意的，沒有一個人是順眼的。最終，不僅事情不容易辦成，而且也會在自己與他人的溝通上增添不必要的障礙。

給自己留一點餘地

兩位推銷員在推銷同一款襪子。

第一位推銷員隨手拿起一隻襪子，緊接著又拿起打火機，在襪子下方輕快晃動。火苗穿過襪子，而襪子未受到損傷。在他一番介紹之後，襪子在顧客手中被傳看著。一位顧客要拿打火機試驗一下，急得推銷員趕忙補充說：「襪子並不是燒不著，我只是證明它的透氣性好。」顧客終於明白怎麼回事了，襪子的品質沒話說，但當時的氣氛明顯地影響了顧客的消費情緒。

第二位推銷員，也是一邊說一邊演示。不過，他介紹得非常周到。他是這樣說的：

給自己留一點餘地

「當然，任何事物都有它的科學性，襪子怎麼會燒不著呢？我只是證明它的透氣性好。它也並不是穿不破的，就是鋼也是會磨損。」這番介紹沒有給天性愛挑剔的顧客留下可乘之機。接下來，他一邊給大家傳看襪子，一邊講解促銷的優惠價格，銷售效果明顯好於第一位推銷員。

自以為是的人總覺得自己的見解沒有錯，容易把話說滿，不給自己留下餘地。杯子留有空間，是為了輕輕晃動時液體不會溢出來；氣球留有空間，是為了不會因輕微的擠壓而爆炸；人說話留有空間，是為了防止「例外」發生而讓自己下不了臺。

老闆新企劃了一個專案，想交給小韓負責。老闆向小韓介紹完情況後，問他：「有沒有問題？」小韓立即拍著胸脯回答說：「沒問題，放心吧！」過了一週，小韓沒有任何動靜。老闆問他進度如何，他才老實說：「沒有想像中那麼簡單！」雖然老闆同意他繼續努力，但對他拍胸脯信誓旦旦的表現已經產生了反感。

空話、大話連篇的人，吹得天花亂墜，實際行動卻不見幾分，難免讓人覺得華而不實、難以信任。不如低調一點，做的比說的多，多做事少說話，用實際行動證明自己的價值。把話說得太滿、太大，就像把杯子倒滿了水，再倒就溢出來了；也像把氣球充滿了氣，再充就要爆炸了。不如留點餘地，讓自己能從容轉身。凡事總有意外，使得事情產生變化，而這些意外並不是人人都能預料到的。話不要說得太滿，就是為了容納這個「意外」。

在做事的時候，對別人的請託可以答應接受，但最好不要「保證」，應以「我盡量」、「我試試看」等字眼代替。上級交辦的事當然要接受，但不要說「保證沒問題」，應以「應該沒問題，我全力以赴」之類的字眼替代。這既是為自己做不到所留的後路，也無損你的誠意，反而更顯出你的謹慎。別人會因此更信賴你。即使事情沒做好，也不會太責怪你。

一家飯店的服務員，發現客人陳先生結帳後仍然住在房間，而這位陳先生又是經理的親戚。如果直接去問陳先生何時起程，顯得不禮貌，但如果不問，又怕陳先生賴帳。

於是，她考慮再三，想好了說辭後，敲開了陳先生的房門：「您好！您是陳先生嗎？」「是啊！」陳先生回答說，「您是——」「我是飯店的工作人員。聽說您前幾天身上不舒服，現在好點了嗎？」「謝謝您的關心，好多了。」陳先生很感激地說，「聽說您昨天已經結帳，今天沒有走成。這幾天天氣不好，是不是飛機取消了？您看我們能為您做點什麼？」服務員試探地問。「非常感謝！昨晚結帳是因為我的表哥今天要返回，我不想帳積得太多，先結一次也好。醫生說，我的病還需要觀察一段時間。」「陳先生，您不要客氣，有什麼事只管吩咐好了。」服務員弄清了原因，告辭離去。

這位服務員找客人談話的目的是要弄清楚客人走還是不走，如果不走，就弄清楚原因。但這個問題不好開口，弄不好既得罪客人又得罪經理。她的話說得非常巧妙，先是寒暄一下，然後又問客人需要什麼樣的服務，也表示出了自己的關心，使客人深受感動，不知不覺中就明白了原因。事情做絕，不留餘地，不給別人機會，不寬容別人，處理事情下狠手，都是不理智的行為。無論矛盾有多深，最好都不要說出「勢不兩立」之類的話，否則日後有合作的機會，一定會左右為難，尷尬萬分。

想要掌握分寸，給自己留點餘地，需注意以下幾個方面。

■ **話不要說過了頭**：事物都有自己存在的道理。說話時，如果違背了常情常理，就會給別人留下把柄。因此，在談話時，要記住話不要說過了頭，違背了常情常理。

■ **話不要說得太絕對**：人們考慮問題都喜歡來個相對思考，對於絕對的東西，在心理上有一種排斥感。比如，你斬釘截鐵地說：「事實完全就是這樣。」別人在心裡會有疑問：「難道真的是這樣嗎？」也許你的表達是真實的，可是當別人心裡老是琢磨「真的是這樣嗎？」的時候，他對你的話是不可能贊同的。

在談話時，即便是我們有把握的事，也不要把話說得過於絕對。絕對的東西容易引起他人的反感，而且如果對方有意挑刺，還真能挑出刺來。與其給別人一個挑刺的

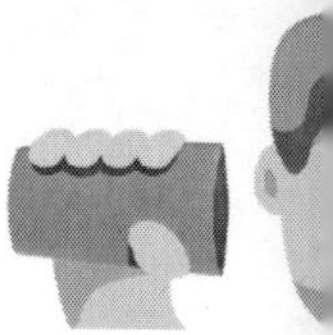

藉口，不如把話說得委婉一點。同時，如果不把話說得那麼絕對，我們還可以在更為廣闊的空間與對方周旋。

- **話要說得圓滑**：當我們為了某個目的與他人談話時，話就要說得圓滑一些。話說得太直，會激惱對方，即便是理在己方。說得圓滑一點，能留下迴旋的餘地，從容地達到我們談話的目的。

溝通處方

給自己留下一點餘地，不僅可以為自己提迴旋的空間，而且可以給對方留下一個謙虛的良好印象。

以對方能接受的方式發表看法

在美國獨立戰爭中，傑弗遜（Thomas Jefferson）被指定為《美國獨立宣言》（*The unanimous Declaration of the thirteen united States of America*）的撰寫人。傑弗遜年輕氣盛，又文才過人，平時最不喜歡別人對他寫的東西品頭論足。他起草好《美國獨立宣言》後，就把草案交給一個委員會審查，然後坐在會議室外，等待回音。過了很久，也沒聽到結果，他等得有點不耐煩了，幾次站起來又坐下去。老成持重的富蘭克林(Benjamin Franklin) 就坐在他的旁邊，擔心這樣下去會發生不愉快的事情，就拍拍傑弗遜的肩，給他講了一個故事。

有一位年輕人是一家帽店學徒。三年學徒期滿後，他決定自己開一家帽子店。他覺得有一個醒目的招牌非常必要，就自己設計了一個，上面寫著：「約翰．湯普森帽店，製作和現金出售各式禮帽。」同時還畫了一頂帽子附在下面。送做之前，他特意把草樣拿給朋友看，請大家「提意見」。

第一個朋友看過後，不客氣地說：「『帽店』一詞與後面的『出售各式禮帽』語義重複，建議刪去。」第二個朋友看過後，說：「『製作』一詞也可以省略，因為顧客並不關心帽子是誰製作的，只要品質好、樣式稱心，就會受到歡迎。」於是，這個詞也免了。第三個朋友看後，說：「『現金』二字實在多餘，因為本地市場一般習慣現金交易，不時興賒銷。顧客買你的帽子，毫無疑問會當場付現金的。」這樣刪減了幾次以後，草樣上就只剩下「約翰．湯普森出售各式禮帽」和那幅畫好的帽樣。

「出售各式禮帽？」最後一個朋友對剩下的詞也不滿意，「誰也不指望你白送給他，留那樣的詞有什麼用？」他把「出售」劃去，提筆想了想，連「各式禮帽」也一併刪掉，因為下面明明已經畫了一頂帽子。

等帽店開張，招牌掛出來時，上面醒目地寫著「約翰．湯普森」幾個大字，下面是一個新穎的禮帽圖樣。來往顧客看到後，沒有一個不稱讚這個招牌做得好。

聽完這個故事，自負、焦躁的傑弗遜漸漸平靜下來。他明白了富蘭克林的意思。最終，《美國獨立宣言》草案經過眾人的精心推敲、修改，更加完美，成了字字金石、萬人傳誦的不朽文獻，對美國革命起了巨大的推動作用。

我們在說服對方時，如果直接指出對方的錯誤，對方常常會採取守勢，並竭力為自己辯護。因此，我們最好用間接的方式讓對方了解應改進的地方，從而達到讓對方轉變的目的。

人們常說：「不看你說的什麼，只看你是怎麼說的。」同樣要表達一個意思，不同的人有不同的說法，不同的說法會產生不同的效果。我們在與人交流時，不要以為內心真誠便可以不拘言語，這只能讓對方對我們產生牴觸心理。我們要學會委婉、藝術地表達自己的想法。一句話到底應該怎麼說，其實很簡單，你只要設身處地從對方的角度著想，就很容易做到。

美國前總統威爾遜(Woodrow Wilson)曾這樣說過：「如果你想握緊了拳頭來見我，我可以明白無誤地告訴你，我的拳頭比你握得更緊。但是，如果你對人說：『我想和你坐下來談一談。如果我們的意見相左，我們可以共同找出問題的癥結所在。』這樣一來，我們都會感到我們之間的觀點是非常接近的。即使是針對那些不同的見解，只要我們帶著誠意耐心地討論，相信我們不難找出最佳的解決途徑。』

以對方能接受的方式發表看法

人人都有自尊心，人人都有好勝心。若要聯絡感情，則應處處維護對方的自尊。要維護對方的自尊，就必須抑制你自己的好勝心，成全對方的好勝心。

生活中有些人，無理爭三分，得理不饒人，小肚雞腸。相反，有些人真理在握，不聲不響，得理也讓人三分，很有君子風度。前者，往往是生活中的不安定因素，後者則具有一種天然的向心力。有理，沒理，饒人不饒人，一般都是在是非場上、論辯之中。假如是重大的或重要的是非問題，自然應當不失原則地論個青紅皂白。而在日常生活、工作中，為一些非原則問題、雞毛蒜皮的小事爭得不亦樂乎，以致非得決一雌雄才算甘休，就沒有必要了。

爭強好勝者未必掌握了真理，而謙卑的人，原本就把出人頭地看得很淡，更不用說一點小是小非的爭論了，根本不值得稱雄。你若是有理卻表現得謙遜，往往能顯示出你的胸襟之坦蕩、修養之深厚。

演講時，你在麥克風前打噴嚏、站不穩，故意表現些小失誤，就能緩和原來緊張的氣氛。聽眾看到你的小失誤後，心裡便會想：「同樣都是人，難免做出些不雅的事。」於是，一種親切感就自然產生了。

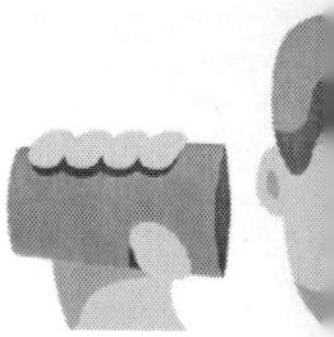

與有自卑心理和戒備心的人初次見面的會談是很困難的。尤其在社會地位有所差距時，居下位的一方心中會有膽怯感，心理上自然會築起一堵防禦牆。此時，條件較為優越的人讓對方擁有「自己不比別人差」的意識，這一點很重要。

溝通處方

同樣的一件事情，用不同的方式表述，會產生不同的效果，甚至截然相反的效果。善於溝通的人，總能夠找到對方容易接受的方式發表自己的看法。

與對方保持適度的距離

劉芸和李娜娜是高中同學，又考到了同一所大學。大學期間，兩個人相處得非常好，不僅無話不說，而且彼此都非常熟悉對方的任何事情。

大學畢業後，她們準備在學校的所在城市發展。為了省錢，她們合租了一間房子，兩個人同睡一張床。剛住進來的時候，兩人非常高興，聊了一個晚上。

然而，好景不長。李娜娜睡覺時很怕吵，也怕燈光，而劉芸的工作常有晚班。趕上晚班的時候，劉芸下班回來都要半夜了，回來後還得吃飯。因為這種不一致的作息時間，雖然雙方都知道互相遷就，但還是產生了隔閡。加上生活中的柴、米、油、鹽使兩人之間很難一一算清，漸漸地，兩個人不像以前那樣親密了，房間裡充滿了「冷戰」的氛圍。

一天，劉芸上床睡覺的時候動靜大了點。李娜娜終於按捺不住情緒，積攢了幾個月的矛盾像火山一樣爆發。兩個人都說對方的不是，最後爭執起來。兩個人就這樣分道揚鑣，再也沒有聯絡過。

人與人之間相處，需要那麼一點點神祕感，需要給彼此一個自由的空間，太過親密反而會讓彼此無法更好地包容對方。每個人教育背景、成長環境、生活習慣不同，想法、觀點自然也不盡相同。如果人們能夠保持一定的距離，這些不同就會被忽略。相反，如果彼此太過緊密，這些不同之處便會一一呈現在各自的面前。

留出自由的空間，不是讓彼此相距很遠，也不是讓人們不再聯絡、不關心對方，而是要營造一個適當的距離。適當的距離，能夠讓人們感受到距離營造出的思念之美，以及完美的美，也就是說「適當的距離能夠產生美」。

每個人在一生中都在不斷地交新的朋友，但新的朋友未必比老的朋友好，失去友誼更是人生的一種損失，因此必須記住：好朋友一定要「保持距離」！

朋友相處，重要的是雙方在感情上的相互理解和遇到困難時的相互幫助，而不是了

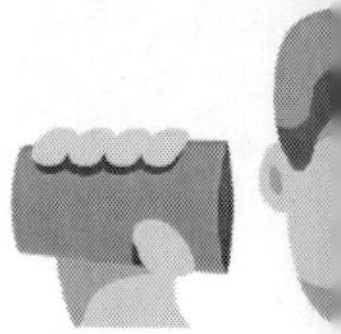

解一些不必要的東西。有的人為了表示自己對朋友的信任，把自己的一切情況全盤托出，這種做法是一種輕視自己的行為。如果你所結交的朋友是一個值得信賴、品行端正的人，可以說是你的幸運，萬一對方是居心不良、懷有歹意的人，而你又沒有識破，情況就會使你大傷腦筋。

生活中，人們也時常提倡「與人相處要走近點，這樣才能維護好關係」。但是距離的走近並不等於心靈的走近。距離越近，彼此越容易出現摩擦。越是天天膩在一起，越容易厭倦對方。比如說，你喜歡吃麥當勞，當你天天吃的時候，你會發覺麥當勞和普通的東西沒有什麼區別，甚至覺得厭煩，再也不想吃了。

人們相互之間要建立和諧的人際關係，就必須注意人與人之間的適度距離，太遠不好，太近也不可，傾向於任何一方都會出現極端的結果。距離太遠，彼此容易冷淡、疏遠。距離太近，則容易產生摩擦、厭倦。

與人相處的時候，要掌握好距離的分寸，保持適當的、微妙的距離，既要保持相互了解又要做到相敬如賓。那麼，與人相處最適當的距離是什麼狀態呢？心理學家認為，最合適的距離，應該是不遠不近、不親不疏，各自都有自己的空間和祕密，同時也讓彼此都能夠體會到關心與愛護。這樣，當你求助對方或者接觸對方的時候，對方也會接受你的請求，更易向對方施加影響。

一塊看上去完美無瑕的玉，如果你用放大鏡看，還是能夠看到它的瑕疵。於是，你會認為「玉石」也只是普通的一種石頭。一幅掛在牆上看似風景秀麗的油畫，如果你走近後再看，還是能夠看到畫家作畫時的不足之處。於是，你心中會發出「也不過如此」的慨嘆。一個皮膚像牛奶一樣潤滑、白皙的美麗女孩，如果你和她近距離接觸，還是會發現她臉上有少許的斑斑點點。於是，你會覺得她也不是想像中的那麼漂亮。

近距離接觸世上的任何東西，都會發現它的瑕疵、缺點。你與世上任何一個人時時刻刻在一起，每分每秒不離開，那麼即使是親密無間的愛人，有一天也會因為彼此間的赤裸裸，不再相互吸引、相互包容。

面對愛人都如此，更何況身邊的人。無論是你的頂頭上司還是你的下屬，無論是你的親戚、朋友，還是兒女、父母，無論是你的多年好友還是剛剛相知相識的人，都要給彼此一個空間，這樣才能保持那份美好，才易施加影響。

與對方保持適度的距離

小微在一家公司的企劃部做職員。企劃部多是女性，所以在辦公室裡，彼此間經常會為了些小事斤斤計較，在穿著打扮上相互攀比、嫉妒，工作時更是分幫結派。小微第一天來上班的時候，同一部門的不同幫派同事便拉攏她。小微只是笑笑，沒有傾向於任何一方，也沒有拒絕任何一方。

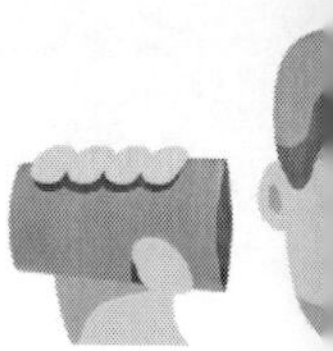

後來，小微在工作中時刻保持中立，和任何一方都保持適當的距離。她這樣工作了一年後，公司經理被調走，公司準備在她們中挑選一人做經理。大家不記名投票的結果，小微的票數最多。

一個人只要按照自己的方式工作、生活，與周遭的環境和人保持適當的距離，那麼無論什麼時候，你都能掌握做事的主動權。

溝通處方

德國哲學家黑格爾（Georg Wilhelm Friedrich Hegel）曾有一句名言：「距離產生美」。的確，在與別人溝通時，我們保持適度的距離，才能獲得較好的溝通效果。

出言不遜只會使情況惡化

二〇〇六年德國世界盃快要結束時，在最後一場法義冠軍爭奪戰中，席丹（Zinedine Zidane）用光頭撞倒馬特拉齊（Marco Materazzi）的那讓人目瞪口呆的一幕，留給全世界球迷一個疑問：「怎麼了？」

從場面中看到，馬特拉齊並沒有對席丹動手，只是言語！肯定是出口傷人的言語！

出言不遜只會使情況惡化

究竟馬特拉齊說了些什麼話，惹得一向動作優雅的席丹做出如此驚人的舉動？

這事在網路上傳得沸沸揚揚，關於馬特拉齊對席丹究竟罵了什麼，流傳著兩種版本：其一是電視臺透過解讀「唇語」得出一個答案：「你姐姐是個妓女！」其二是某國電視臺解說員在賽後公布的說法：「你是義大利養出來的一條忘恩負義的狗！」

不管答案是什麼，有一點是肯定的，馬特拉齊出口傷人了。能讓席丹這樣被人稱為「喜怒不形於色、非常能控制自己的人」失控和爆發，可以想像言語汙辱與冒犯的力量。

有些時候，侮辱的言語具有比暴力還要大的威脅。在情緒高漲，比如盛怒之時，為求發洩，人們通常會講一些傷害對方的話。這種「無理之失」所構成的傷害、禍害，往往令人難以想像。大概許多人都會有這種經驗。如果言語輕率不慎的話，導致誤會曲解的可能性極大。

人們常說：「言語傷人，勝於刀槍。」許多人常以「嘲弄」他人或者與他人「鬥嘴」為樂。有些雖然是屬玩笑性質，但總讓人覺得不妥，畢竟「尖酸刻薄」、「有失厚道」的言語批評，會使聽者產生不悅，嚴重的會遭致殺身之禍，後悔莫及。

在古代社會，因為說錯話而招致災禍的例子不勝枚舉。尤其是在古代尊卑有序的體系中，說話稍有不慎就會大禍臨頭。現代社會中，因為說錯話、說不當的話、說不負責任的話，而給自己帶來不好的影響和結果的例子，同樣屢見不鮮。

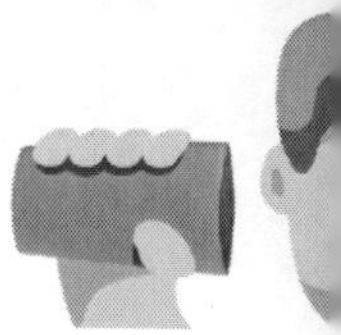

前英國女王的丈夫菲利普親王以口無遮攔著稱。他總是在大庭廣眾之下出語傷人。有一次，菲利普親王（HRH Prince Philip）前往英格蘭北部的索爾福德大學參觀。在那裡，菲力普親王和十幾歲的小胖子安德魯交談上了。安德魯告訴親王自己長大後想坐火箭上太空的遠大理想。安德魯和其他在場的人原以為親王會說一些鼓勵的話，不料，親王卻對他潑了一頭冷水，說他應該先減肥。

後來，安德魯對於此事是這樣說的：「他對我說『如果你想坐在那裡面上天的話，就應該減肥』。我對他那樣說感到很難受，但我還是笑了一下，假裝這只是一個玩笑。」

安德魯的媽媽對自己孩子受到欺負感到火冒三丈，對媒體說：「我真不敢相信，像他那樣一個大人物竟然會說出這樣令人噁心的話來。」

可想而知，菲利普親王並無惡意的出言不遜，會給自己的形象帶來何種損害。

為避免出口傷人，說話宜三思而後「語」，不宜心直口快。宜和風細雨，不宜含沙射影。說話之前，得先考慮這樣一個問題：他願不願意聽你說話。願意聽你就說，不願意聽還是免開尊口為妙。

德國軍隊向來以紀律嚴明著稱。在一本德國老兵的回憶錄中，有條耐人尋味的軍規：一名士兵可以檢舉同伴的錯誤，被檢舉人也有權反駁。但如果長官發現檢舉和反駁的士兵曾在近期發生過衝突，那麼兩個人都會受罰。發生過衝突的人至少要等一週，等情緒完全冷靜下來，才可以告對方的狀。

永遠不要在盛怒之下出口傷人。人在憤怒的時候，頭腦處於極度不理智的狀態，說話也往往不假思索，不顧後果。一定要做到凡事三思而「說」，千萬不要不經過思考就下結論、亂說話，讓局面變得難以收拾。

溝通處方

不要以為別人冒犯了你，你就可以出言不遜做出回應，這是一種不理智的行為，只會使情況越來越惡化。

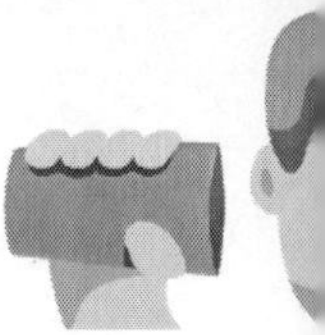

欣賞他人的優點和長處

《水知道答案》（水は答えを知っている）一書是被譽為堪與英國物理學家霍金(Stephen Hawking)撰寫的《時間簡史》（*A Brief History of Time*）相媲美的神奇著作。作者為日本的江本勝博士，於該書中敘述了一個發人深省的故事。

把蒸好的米飯裝在三個瓶子裡，對第一個瓶子說「謝謝」，對第二個瓶子說「渾蛋」，對最後一個瓶子則什麼都不說，無視它的存在。

結果，第一個瓶子裡的米飯發酵並散發出香味，而第二個瓶子裡的米飯腐爛、變黑了。腐爛程度最嚴重的是第三個瓶子裡的米飯，散發出刺鼻的臭味。

在這個世界上，不僅有著五彩斑斕的美麗風景，還有具有不同個性、不同氣質、不同人格魅力的人。如果用一種平常的心態去欣賞他人，就像欣賞一幅畫一樣，你會很快樂、很坦然。

十全十美的人在世界上是不可能存在的。每個人都有不同程度的優點和缺點。懂得欣賞他人是一種豁達，是一筆財富。

我們每個人就好像有裂縫的桶子，不可能完美，總會有所缺失。用那挑剔的眼光看，你便會有很多的不滿和衝突，於人於己當然都無益處。若能換一個角度，懷著一顆包容的心，用欣賞的眼光來看，就可以化解彼此的對立不滿。

用欣賞的眼光去看待他人，會發現他人有很多優點，有很多值得自己學習和借鑑的地方，也是一種鞭策，得以不斷地完善自己。用欣賞的眼光去看待他人，會寬容他人的缺點和過錯，也會將其作為自己的一面鏡子，時時照著自己，提醒著自己。用欣賞的眼光去看待他人，會發現他人的潛能，並能充分地利用好人才。用欣賞的眼光去看待他人，會擁有良好的人際關係，也會提高自己的人格魅力。用欣賞的眼光去看待他人，會給他人帶來快樂與自信，也會給自己帶來快樂與自信。

屠格涅夫（Ivan Turgenev）在斯帕斯科耶打獵時，在松林中無意間撿到一本皺巴巴的〈現代人〉雜誌。他隨手翻了幾頁，竟被一篇題名為《童年》的小說吸引。作者是一個初出茅廬的無名小輩，但屠格涅夫卻十分欣賞，鍾愛有加。他四處打聽作者的資訊，最後得知作者兩歲喪母，九歲喪父，是由姑母一手撫養照顧長大。於是，屠格涅夫更是給予了極大的同情和關愛。

《童年》作者的姑母在致作者的信中說：「你的第一篇小說在這裡引起了很大的轟動。大名鼎鼎的作家屠格涅夫逢人就稱讚你。他說：『這位青年人如果能繼續寫下去，他的前途一定不可限量！』」作者收到姑母的信後，驚喜若狂。他本是因為生活的苦悶而信筆塗鴉打發心中的寂寥，並無當作家的妄念。名家屠格涅夫的欣賞，竟一下子點燃了他心中的火焰，使他找回了自信和人生的價值。於是，他便一發不可收地寫了下去，最終成為具有世界聲譽的大文豪。他就是《戰爭與和平》（*War and Peace*）、《安娜．卡列尼娜》（*Anna Karenina*）和《復活》（*Resurrection*）的作者列夫．托爾斯泰（Leo Tolstoy）。

每個人都渴望得到他人的欣賞。既然如此，每個人也應該學會去欣賞他人。其實，欣賞與被欣賞是一種互動的力量來源。欣賞者必須具備愉悅之心、仁愛之懷、成人之美的善念；被欣賞者也會產生自尊之心、奮進之力、向上之志。

能夠以欣賞他人的眼光去看待他人，是非常重要的。世界上有各式各樣的人。每個人都有不同的個性和氣質，更重要的是每個人身上都有值得學習的地方。學會欣賞，既是一種尊重個人差異性的美德，也有助於自身的逐漸完善。誠如一位哲人所說：「學會欣賞每一個人，會讓你受益無窮。」

欣賞是建立在贊同的基礎上的。對他人的成績、優點乃至成功的方法等，發自內心地贊同一番，不僅會讓他人更親近你，而且，當你向他人說出「你真是太棒了」時，其實你已在無形中為自己找到了新的努力方向。

世界上根本沒有完美無缺的人。每個人都有自己的長處和短處。如果一味地挑剔他人的不足，那麼就得不到他人的尊重，更得不到他人的欣賞了。

欣賞他人一點也不難。與他人相處時，經常想想他人的好處和優點，毫不吝嗇地稱讚他人；經常真誠地祝賀他人取得的成績、取得的進步、取得的榮譽，這樣，你就會在他人的成功中享受成功的喜悅。一山更比一山高，人各有所長，隨時發現他人的進步，隨時為他人的成績而喝彩，就為和他人展開溝通打下了一個堅實的基礎。

只要你肯多付出一點心思和目光關注一個人，對方就會還你燦爛的笑容、真誠的祝福。在彼此的欣賞中，人與人的關係更加和諧。要知道，你在看他人的同時，他人也會留意你。你欣賞他人其實也是在教他人如何去欣賞你。

你付出了讚美，帶給他人肯定與鼓勵、幸福與快樂，這非但不會損傷你的自尊，相反還將收穫友誼與合作。

有一句名言說：「這個世界並不缺少美，而是缺少發現美的眼睛。」如果你用欣賞的眼光、讚賞的眼光去看待周圍的一切，周圍的一切就會變得美好，而你用挑剔、冷漠的眼光看待它們時則會是相反的景象。世界的美好與否，全看你持哪一種眼光和心態。要想讓他人如何對待你，你就要怎樣對待他人。

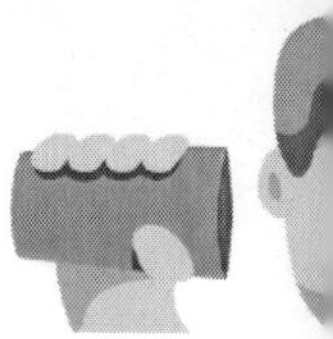

溝通處方

關注他人的優點和長處，而不是缺點和短處，學會欣賞他人，你就會很容易得到他人的認可，也就打下了與他人順暢溝通的良好基礎。

不失時機地讚美他人

有位生性高傲的處長，陌生人一般很難接近他。他生硬冷漠的面孔常使人望而卻步。

一位外地來的推銷員聽說他的脾氣，一見面就微笑遞上一支菸說：「處長，我一進門就有人告訴我，處長是個爽快人，辦事認真，富有同情心，特別是對外地人格外關照。我一聽，高興極了。我就愛和這樣的上司共事，痛快！」

處長的臉上立刻露出一絲笑容。推銷員接下來談正事，果然大見成效。

讚美常常能拉近彼此的距離，無論雙方是否相識。無論男女老少，人人都喜歡別人對自己的讚美。讚美能給他人帶來成就感和自信心，可謂是一種感化他人的有效方法。

渴望得到別人的讚美是人的一種天性。生活讓人們懂得恰當的讚美可以維護別人的自尊，並能以此來獲得他們的友善和合作。

不失時機地讚美他人

在生活中，我們也曾見過不恰當的頌揚和奉承，激起的只是對方的疑慮甚至厭惡。誠如雨果（Victor Hugo）所言：「我寧可讓別人侮辱我的好詩，也不願別人讚美我的壞詩。」因此，讚美也要恰當，做到恰如其分，講究藝術和技巧。

有的人不喜歡別人讚美他顯而易見的優點，因為他認為這些優點是很自然的事情，沒有必要加以恭維。相反，如果是讚美他不為人知的優點，他會很有成就感，感到十分受用。

一位著名記者曾說：「洛克斐勒（John D. Rockefeller）這位石油大王，倘若有人稱讚他善於打理瑣碎的家庭經濟，他一定會樂不可支。同時，他也很喜歡聽人家說他對教會和主日學堂是怎樣地熱心。」

有一次，當記者對洛克斐勒向主日學堂裡的一群小孩子所發表的談話，說了兩句讚美的言辭時，洛克斐勒立刻就變得非常興奮。

這些便是洛克斐勒個人所關心的獨特榮耀。相反，如果有人當面讚美他的商業領袖才能，在他聽來反而會覺得沒有誠意甚至是愚蠢的。

讚美別人並非不講原則，否則，就有阿諛奉承之嫌。真正明智之人對於無休止的恭維和豔羨也並不喜歡。我們絕對不可以隨隨便便地恭維別人。對於那些摸不清底細的

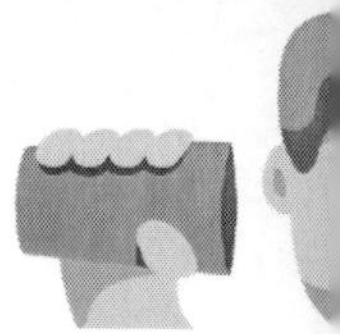

人，最好是慢慢地深入了解，等到找出他們喜歡的讚揚方式，再使用這一策略也不遲。在與人們交往的過程中，恰當地運用你的讚美，你會發現人們是那麼尊重與歡迎你，你也會因此獲得許多朋友。

讚美不是獻媚。讚美的目的是說明別人發現自身的價值，獲得一種成就感。讚美是發自內心的欣賞。讚美與獻媚的動機完全不同，獻媚是為一己私利騙取他人的信任，而讚美則是發自內心的真實情感表達。讚美可以消除彼此之間的隔閡，加深彼此之間的關係。讚美是贈予別人的一縷陽光，獻媚是為他人設下的陷阱。

讚美和獻媚有本質的不同，但就外在的表現方式來看，兩者常常被人混淆。故而讚美應該講究策略，如果策略運用不當，使人誤將讚美認為是獻媚，就遠遠背離我們的初衷。

讚美別人時，考慮到以下幾個方面會得到更好的效果。

- **在人背後讚美**：在各種讚美的方法中，在人背後稱讚人，這是一種至高的技巧，最使人高興也最有效。你很欣賞某個人時，可以把讚美他的話跟一個與他熟悉的人講，過不了多久，你的溢美之詞就會傳到想要讚美的人的耳朵裡。從而他會對你產生好感，也會更加信任你的讚美是發自肺腑的。

■**先否定，後肯定**：很多人在讚美別人的時候只是平鋪直敘，這樣做的效果有限。如果嘗試採取從否定到肯定的讚美方法，也許效果會更好。比如，一般評價人時常說「我佩服別人，也一樣佩服你」，從否定到肯定的評價則是「我很少佩服別人，你是例外」。

■**借助別人之口**：借助別人之口，間接地讚美他人是非常有效的讚美方法，它會使人相信，你是真心實意，也是發自內心地認可他、欣賞他。

在聚餐的時候，你碰到以前的同學，這位同學事業有成，春風得意。你說「你現在這麼有錢，身邊肯定有不少女孩子吧！」這些話不但顯得你沒有內涵、勢利，還可能引起誤會。不妨這樣說：「聽說你剛開了一家公司，大家都說你能力強。恭喜你啊！」你用別人的話來帶出你的讚美和鼓勵，這樣不但能明確地傳達你的意思，還能使對方自然而然地接受讚美。

■**誇人誇到點子上**：讚美他人的動機都是良好的，但是，如果掌握不好讚美的分寸，把一些不適合讚美的地方也拿來讚美，那就適得其反了。

某位男到同學家裡玩，見到同學的哥哥後，就打招呼說：「大哥你好，見到你真高興！真是久仰你的大名，如雷貫耳，今天是百聞不如一見啊！」沒想到對方的臉紅

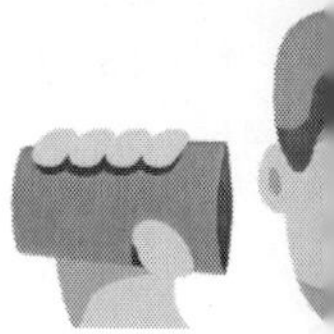

到了脖子根。原來，他因為打架鬥毆被拘留，剛從拘留所裡出來。男孩不明情況，開口就「久仰大名」地恭維了一番，卻無意中揭了人家的傷疤。

- **稱讚不被人注意的地方**：常言道：「好話聽三遍，聽了鬼也煩。」大家總是很容易注意到別人的一技之長，讚美其專長的人自然最多，而你要是再「錦上添花」就顯得可有可無了。比如，一位美女天天都聽別人誇她漂亮，自己心裡總會覺得沒趣。你不如換個角度，仔細地觀察一下她一些不被人注意、可是她本人又很在意的地方，然後進行稱讚，效果會更好。
- **在眾人面前公開地讚美**：責備要在私底下，而讚美卻要在眾人面前，要讓周圍的人都知道你十分欣賞和肯定他的所作所為，讓周圍的人都不得不一起稱讚他，滿足他的榮譽感。

溝通處方

讚美別人，可以使對方獲得滿足感、自尊心和自信心，為你們營造融洽的關係，建立良好的溝通平臺。

溝通讓你更容易走向成功

國際知名企業都十分注重上下的雙向溝通。美國沃爾瑪公司總裁山姆．沃爾頓(Samuel Moore Walton) 曾說過：「如果你必須將沃爾瑪管理體制濃縮成一種思想，那可能就是溝通。因為它是我們成功的真正關鍵之一。」

沃爾瑪公司總部設在美國阿肯色州本頓維爾市。公司的行政管理人員每週花費大量時間飛往各地的商店，通報公司的業務情況，讓所有員工共同掌握沃爾瑪公司的業務指標。在任何一個沃爾瑪商店裡，都定時公布該店的利潤、進貨、銷售和減價的情況，並且不只是向經理及其助理公布，也向每個員工、工讀生和兼職雇員公布各種資訊，鼓勵他們爭取更好的成績。

沃爾瑪公司的股東大會是全美最大的股東大會。每次大會，公司都盡可能讓更多的商店經理和員工參加，讓他們看到公司全貌，做到心中有數。山姆．沃爾頓在每次股東大會結束後，都會和妻子邀請所有出席會議的員工到家裡聚餐。在餐會上，大家一起暢所欲言，討論公司的現在和未來。

為保持整個組織資訊管道的通暢，沃爾瑪公司全面注重收集員工的想法和意見。山姆．沃爾頓認為讓員工了解公司業務進展情況，與員工共用資訊，是讓員工最大限度地做好其本職工作的重要途徑，是與員工溝通和聯絡感情的核心。沃爾瑪也正是借用共

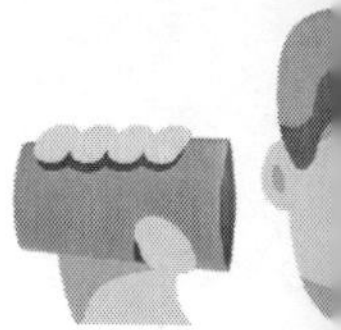

用資訊和分擔責任，適應了員工的溝通與交流需求，達到了自己的目的：使員工產生責任感和參與感，意識到自己的工作在公司的重要性，感覺自己得到了公司的尊重和信任，從而積極主動地努力爭取更好的成績。

溝通是人們處世的一種藝術，是成功者必備的一種素養。我們生活在這個社會中，與他人打交道是必不可缺的。能不能與別人很好地溝通，在某種程度上也就決定了一個人的生存品質，也影響著一個人的事業能否取得成功。

溝通能力的好壞，直接影響著每個人在人生事業上的發展。常言說：「酒香尚怕巷子深。」在這樣一個競爭激烈的時代，有效地推銷自己、取得他人的認可、贏得他人的支持和配合、促進自己事業的成功，便顯得尤為重要了。

我們想取得事業的成功，就應該熟練掌握溝通的各種技巧，好好掌握相關的注意事項，以達到最好的互動效果，從而奠定成功的基礎。因此，我們在溝通時應該注意以下幾點。

■ **拋棄成見進行溝通**：我們時常用一些特定的詞語來形容周圍的同事、上司、客戶，如細心、豪爽、大方、聰明、自私、小氣等等。無論是褒是貶，都會影響我們的判斷力，使我們的溝通也帶有局限性，嚴重妨礙我們與他人的交流。因此，在與他人交流和溝通之前，一定要拋棄固有的偏見和固執，從多角度看人看事。這樣，我們會發現他人的風格和特質變得更加立體化、豐富化，而我們的人際關係也會更加廣闊、牢固和協調。

■ **換位思考進行溝通**：無論從事什麼樣的工作，處於什麼樣的地位，與人溝通的時候，要想與對方達成一致意見，就要先站在對方的角度思考問題。正如亨利．福特(Henry Ford) 所說：「假如說我有什麼祕訣可以分享的話，那就是如何去想辦法站在對方的立場上，從他的觀點著手，就如同是自己的想法一樣。」

同樣的一件事情，不同的人會有不同的角度和看法，觀點與利益自然也就不同，甚至還有可能會造成嚴重的衝突。想知道別人的想法，卻站在自己的角度上去思考問題，只會緣木求魚，一無所獲。因此，我們一定要學會換位思考，學會站在對方的角度思考問題，發現對方真正所需，這樣就比較容易獲得對方的信任與支持。

■ **有立場地溝通**：溝通是為了達成一致的見解，實現自己的某項目標，而不是為了迎合別人。因此，我們應該堅持一定的立場，不要隨意變動。比如，在上下級的溝通中，當你的高層領導者說的話或者提出的建議是你所不能接受的，你就要勇於表達自己的觀點，說出自己的真實想法，而不能因為壓力或者其他顧慮而言辭慌亂、前

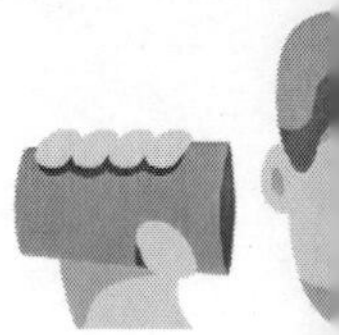

後說法不一。千萬不要使迎合變成你溝通的絆腳石，而應該勇於堅持自己的立場，為自己贏得信任、讚賞與支持。

■ **有節制地溝通**：我們在與人交流時，難免會遇見和自己的觀點不同的人。對於那些故意貶低、有意挑釁的人，我們更應當保持冷靜，尋求溝通，以達到互相理解的效果。否則很容易出現口不擇言、言語傷人的情況，甚至會造成一語斷送前程的後果。

溝通處方

在事業的征途上，溝通就像是一把打開成功之門的鑰匙，能夠為我們贏得上司的信賴、同事的合作、下屬的尊重。因此，我們要善於運用溝通的技巧，運用巧妙、得體的溝通藝術為自己贏得輝煌和成功。

第二章 有效溝通始於良好心態

擁有什麼樣的心態，就會用相應的方式去做事，也會得到相應的結果。因此，我們要想有效溝通，先要擁有良好的心態。

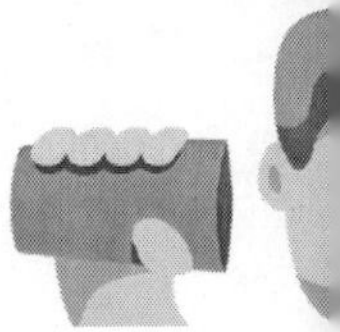

處於強勢時主動向他人示弱

有一座磚瓦窯的窯主規定，每個窯工每個月必須製成一萬片瓦坯，無法完成任務的只能拿一半的工錢，超過一萬片按數量計發獎金。

一天，窯主新招了一個工匠衛海。他上窯廠工作了兩天，每天製瓦坯六百片，且品質上等。老闆非常高興，表揚了他。衛海得意洋洋地說：「每天八百片我都沒問題，獎金我拿定了。」

收工時，衛海感覺到一道道惱恨的目光刺向他。當他到食堂吃飯的時候，他的碗筷被別人扔在一旁。這下，衛海知道自己遭到了大多數人的嫉妒。

第三天，衛海有意放慢了速度，製瓦坯的數量和一般窯工數量接近。窯主再來檢查時，衛海懇切地說：「老闆啊，我們在磚窯工作又髒又累，做了九千九百九十九片瓦坯還只能拿一半工資，很不合理……」老闆考慮了一下，覺得他說的也有道理，就取消了這項制度。

衛海還積極接近工友們，教他們提高工作效率，使大家都能達到定額。此後，工友們不但不再嫉妒他，還佩服他、尊敬他。

人都有嫉妒心理。示弱能使處境不如自己的人保持心態平衡，有利於人際交往。一個人這方面突出，肯定另一方面就有弱點。在社交中，不妨選擇自己「弱」的一面，削

處於強勢時主動向他人示弱

弱自己過於咄咄逼人的成績，讓別人放鬆警惕。

地位高的人在地位低的人面前不妨展示自己的奮鬥過程，表明自己其實是個平凡的人。成功者在別人面前多說自己失敗的經歷、現實的煩惱，給人一種「成功不易」、「成功者並非一舉成名」的感覺。對眼下經濟狀況不如自己的人，可以適當訴說自己的苦衷。

如果一個人能力過強，過於表現自己，無形中會給他人造成壓力。在人際交往中，適時適度地示弱往往也是一種有益的處世之道。無論是強者還是弱者，內心其實都渴望被人需要、被人尊重。而示弱往往可以使他人感覺到自身的重要，給人一種心理平衡，於是對示弱者產生好感。

示弱是一種高超的處世智慧，可以減少或消除不滿和嫉妒。事業的成功者，生活中的幸運兒，被人嫉妒是難免的，在一時還無法消除這種社會心理之前，用適當的示弱方式可以將其消極作用減少到最低程度。

有個記者去拜訪一位企業家，目的是獲得有關他的一些醜聞資料。然而，還來不及寒暄，這位企業家就對想提出質問的記者說：「時間還早得很，我們可以慢慢談。」

當祕書將咖啡端上來時，這位企業家端起咖啡喝了一口，立即大嚷道：「哦！好燙！」咖啡杯隨之滾落在地。等祕書收拾好後，企業家又把香菸倒著插入嘴中，從過濾

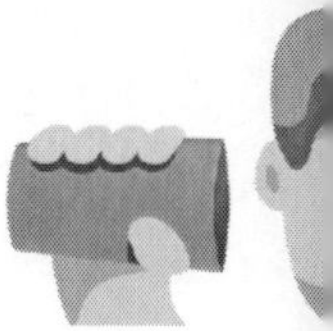

嘴處點火。這時，記者趕忙提醒：「先生，您將香菸拿反了。」企業家聽到這話之後，慌忙將香菸拿正，不料卻將菸灰缸碰翻在地。

在商場中趾高氣揚的企業家出了一連串的洋相，使記者大感意外。不知不覺中，記者原來的那種挑戰情緒完全消失了，甚至對對方產生了一種同情。這就是企業家想要得到的效果。整個過程，其實是企業家有意為之。當人們發現傑出的權威人物也有許多弱點時，過去對他抱有的恐懼感就會消失，而且由於同情心的驅使，還會對對方產生某種程度的親切感。

在與人的交往中，為了使別人對你放鬆警惕，產生親近之感，你可以很巧妙地、不露痕跡地在他人面前暴露某些無關痛癢的缺點，出點小洋相，表明自己並不是一個高高在上、十全十美的人，這樣就會使他人在與你交往時鬆一口氣，不再與你為敵。

強者「示弱」，無論對於自己還是對於弱者，雙方都能有所收穫。為什麼這樣說呢?因為強者甘心「示弱」，以弱者的姿態行事，自然會謙虛謹慎，別人也會願意接受，如此可令強者更強。弱者則能從中獲得慰藉，心理上得到平衡，從而在心平氣和中自覺地向強者學習。

真正的強者，一般都會保持示弱求存的狀態，低調地處理自身的現實表現，卻不斷思考以獲得更高的理想。這種示弱的結果，反而使自身不斷提高，各方面都獲得環境的支持。主觀示弱，而客觀上實現了自身強者的地位。

坦然示弱，更容易被人們所接納，生活中我們經常看到，好強出鋒頭的人總不如平和謙淡的人容易得到大家的認可和信任。很多時候，暴露自己的弱點比極力掩飾自己的弱點更可愛，也容易贏得他人的喜歡。

坦然示弱，能為我們贏得更多的朋友。卡內基曾說：「如果你想贏得朋友，讓你的朋友感到比你優越吧！如果你想贏得敵人，就時時刻刻都讓你感覺到比你朋友優越多了吧！」其實，人都不是十全十美的，掩飾弱點，實際上是一種不自信的表現。在人際交往中，應該學會聆聽和關心他人。適當示弱，不僅能拉近人與人之間的距離，留給對方價值空間，自己也會因真實得到更多的支援。

做人應該善於示弱，也就是在自己明顯占有優勢的情況下，淡化自己的光芒，充分尊重別人。這樣的示弱並非自己真正弱小，而是一種主動掌握生活的自信和從容。

溝通處方

如果處於強勢地位，但並不給以居高臨下的姿態，而是給人以平易近人的感覺，那麼你就會很容易受到人們的歡迎，而這離不開你適時向他人示弱。

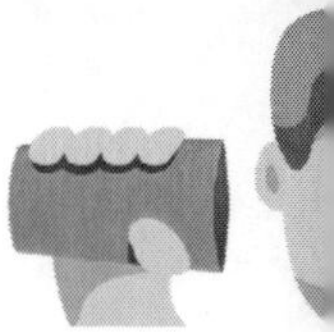

為別人的短處遮羞

康熙皇帝青年時勵精圖治，做過不少大事，到了晚年，頭髮花白了，牙齒也鬆動脫落。這本是人生的自然規律，可他心裡就是不服老，只要聽到有人說他「老」就不高興。臣子深知他的心理，特別忌諱說「老」一類的字眼，沒有誰願意在皇上面前觸這個霉頭。

康熙皇帝為了顯示自己還年輕有活力，常常率領皇后、妃子們去獵苑獵取野獸，在池邊釣魚取樂。

有一天，康熙率領一群妃嬪們去湖中垂釣。不一會兒，漁竿動了，康熙皇帝連忙舉起釣竿，只見鉤上釣著一隻大大的金龜，心中好不喜歡。誰知剛剛拉出水面，只聽「撲通」一聲，金龜卻脫鉤掉到水裡跑掉了，康熙長吁短嘆連叫可惜。在康熙身旁陪同的皇后見狀連忙安慰說：「看這光景，這隻龜是老得沒有門牙了，所以銜不住鉤子了。」

這時，在旁邊觀看的一個年輕妃子見狀忍不住大笑起來，而且笑個不止。康熙見了不由得龍顏大怒，認為皇后是言者無心，而那妃子則是笑者有意，是含沙射影，笑他沒有牙齒，老而無用了。回宮之後，康熙馬上下了一道諭旨，將那妃子打入冷宮，終身不得復出。

誠然，康熙因妃子笑話他而給予這樣的重罰，充分暴露了封建帝王的冷酷無情。但是我們可以想想，如果別人這樣笑話你的缺憾，你同樣也會不高興的。每個人都是有自尊心的，總希望受到別人的尊重。

誰也不希望人們一見面就提到自己不愉快的事。人人都不願意人家觸及自己的憾事、缺點、隱私，這也是一般人所共有的心理。在為人處世中，一定要注意尊重別人，交談時千萬不要涉及別人忌諱的話題，不然就會導致雙方的不和，給人際交往帶來麻煩。

無論處在什麼地位，也無論是在什麼情況下，大多數人還是喜歡聽好聽的話，喜歡得到別人的讚揚，希望受到別人的肯定。如果你偏偏不識相，不能讀懂別人的心思，一味地忠直，說一些不合時宜的憨言憨語，難免讓人感到尷尬。

拿破崙稱霸歐洲大陸的時候，一位科學家建議他在戰船上安裝發動機，用機械動力代替人力和風力。高傲的拿破崙開始對這一「動力革命」的方案頗感興趣。為了使拿破崙迅速做出決策，那位科學家恭維地說：「陛下，如果有發動機助您一臂之力，您一定會更加高大起來……」一聽這話，拿破崙臉色陡變，冷冷地說：「我的戰船裝士兵還不夠，哪有地方去裝什麼發動機，收起你的那一套吧！」科學家碰了一鼻子灰。

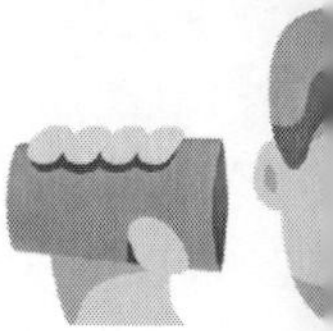

原來拿破崙身材矮小，特別忌諱別人提及他的身高。他從科學家說的「您一定會更加高大起來」一語推斷出，別人說他現在還不夠高大，是在蔑視他、嘲笑他，所以，他斷然拒絕了科學家的方案，錯失了這個千載難逢的歷史機遇。

揭短有時是無意的，那是出於某種原因一不小心犯了對方的忌諱。不管說者有心也好，無意也罷，揭人之短都會傷害對方的自尊，輕則影響雙方的感情，重則導致友誼的破裂。與人相處要善於擇善棄惡，多誇別人的長處，盡量回避對方的短處。

當然，在某些時候，對方的缺點和錯誤無法回避，必須直接面對。當你指出對方的缺點和不足時，要顧及場合，別傷及對方的面子。這時，你就要採取委婉含蓄的說法，避免發生衝突。尤其是要注意「避人所忌」，面對別人在生活中遇到某些不盡如人意的事，最好不要主動引出有可能令對方尷尬的話題。

人不可能不犯錯，也不可能一直祥光罩身。每個人都有不太光彩的過去，或者有身體或性格上的缺陷，而這些就構成了一個人的短處。每個人的短處都是不願意讓他人知道的。與人溝通時，即便是為了對方或為了大局而必須指出對方的缺點，也要講究方法、策略，否則，不僅達不到本來的目的，還可能會惹麻煩。

為人處世的成功，一個很重要的因素就是善於發現對方身上的優點，誇讚對方的長處，而不要抓住別人的隱私、痛處和缺點，大做文章。

所以，我們一定要注意，不論在何種場合，都不要揭別人的短處，也不要傷害別人的自尊。「打人不打臉，揭人不揭短」，要想與他人友好相處，就要盡量體諒他人，維護他人的自尊，並把面子留給別人。

溝通處方

別人身上存在的短處，已經使他感到自卑了。你在與別人溝通時，對其短處亂加評點，只能使其對你敬而遠之。

坦然面對流言蜚語

戰國時期，各諸侯國經常相互攻伐。為使雙方能遵守信約，國與國之間常將太子交於對方做人質。有一年，魏國和趙國簽訂了和約，魏王要把兒子從京都大梁送到趙國的都城邯鄲去做人質，並派大臣龐蔥陪同前去。

龐蔥深知魏王的脾氣，耳根子軟，容易偏聽偏信，擔心自己一走，國內那些反對他的人會製造流言蜚語。

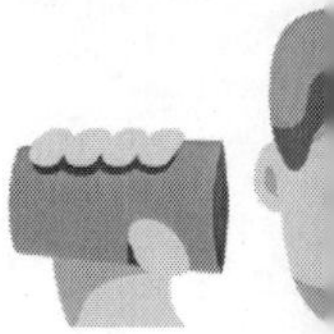

於是，他臨行前特意對魏王說：「如果現在有人報告大王，說大街上來了一隻老虎，您相信嗎？」

「我不相信。」魏王回答說。

龐蔥又問：「如果第二個人也說大街上有老虎，您相信嗎？」

魏王說：「既然兩個人都這麼說，我就會半信半疑了。」

龐蔥再問：「如果第三個人也說大街上有老虎，您相信嗎？」

魏王說：「大家都這麼說，我只得相信了。」

接著，龐蔥感慨地說：「大王，老虎不會跑到大街上來，這誰都知道。可經過三個人一說，大街上有老虎的事就成真的了。我想邯鄲離大梁比宮裡離大街要遠得多，只怕日後議論我的人還不止三個，大王要仔細考察才行。」

魏王點點頭說：「寡人心中有數，你放心去吧。」

於是，龐蔥辭別魏王去了趙國。果然不出龐蔥所料，他剛一走，誹謗他的話就不斷地傳到魏王耳朵裡，魏王也很快就相信了。到太子質押期滿回宮後，魏王就不再見龐蔥。

對此，龐蔥坦然處之，過著自由自在的隱居生活。

在流言蜚語未產生前，龐蔥已有了心理準備，所以他雖然受到魏王不公正的待遇，卻仍能以正常的情緒生活。這說明他是一個意志堅強、頭腦清醒的人。

坦然面對流言蜚語

遺憾的是，很多人遭受流言蜚語卻不能坦然處之。尤其在職場中，同事每天與你在一個單位中工作，彼此之間免不了會有各種雞毛蒜皮的事發生，引起各式各樣的矛盾。這種矛盾有些是表面的，有些是背地裡的，種種矛盾交織在一起，便會引發衝突。一個單位裡，這樣的人越多，人際關係越複雜，「內部消耗」越嚴重，工作效率也越低。相反，如果大家都能集中精力工作，不過多關注他人的缺點，人際關係就會比較正常、簡單，工作效率就會提高。

當你發現昔日交往甚密的同事在背後四處散播謠言、詆毀你時，你可能很想和他大吵一通，揭露他的謊言，讓其他同事認清他的真面目。但是，你有沒有想過，大家是同事，如果你擺出絕交的態度，只會將整個辦公室的氣氛弄僵。更何況，上司最不喜歡下屬因私事而影響工作。所以，對待這樣的人和事你要冷靜面對，別說過火的話。

對這樣的同事，你只要暗中與他疏遠就行了。所謂「路遙知馬力，日久見人心」。時間久了，誰是什麼樣的人，大家自然也就清楚了，他替你造的謠自然也就不攻自破了。到那時，被孤立的是他，而不是你。

面對流言要根據具體的實際情況隨機應變。值得注意的是，在流言未起之前就把容易引起流言的事明白地「公告」出來，先打個「預防針」，以免讓不明內情的人懷疑、

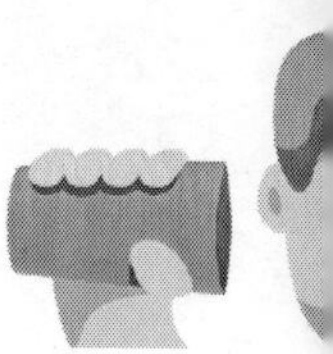

猜想，也讓惡意攻擊者抓不著把柄，我們這樣正身，「流言」就會少一些。

現實生活和工作中，一些人總喜歡說別人的閒話，而不顧他人的苦樂和禍福；或者居心叵測，別有用意地製造「閒話」，以達到傷害他人的目的。那麼，我們到底應該如何面對流言蜚語，才能使自己免受其害呢？

■ **採取泰然處之的態度**：對於閒言碎語，你應泰然處之，沒有必要去過多計較。很多時候，流言似乎具有沾黏性，你不應付它還好，你應付它，它也就有了「真正的主人」，不僅消止不了，反倒更「幫助問題」，越描越黑。

流言如一隻好鬥的公雞，只要你輕蔑它，不和它硬鬥，它自己慢慢地就會沒有勁頭了。有某部電影裡的臺詞這樣說：「對於閒言碎語，沒有必要去計較，也計較不過來。自己想怎麼活就怎麼活，自己選的路，願意走的儘管走下去。如果這個人說這麼走，那個人說那麼走，那你就永遠在原地待著吧！」

■ **用事實來說話**：要制止流言蜚語，最好的解決辦法就是自己拿出修身的實際行動。世上不平、可憤之事太多了。你不去「理」流言，流言卻偏愛「理」你。如果事情沒有什麼大不了倒無妨，倘若事關重大，什麼場合你都保持沉默就不可取了。要用事實來說話，證實自己究竟是不是流言中所描述的那樣。

■ **必要時要予以適當回擊**：只要是流言，總是造謠者在編謠造假，哄騙世人，誣陷攻擊別人，進而達到他自己的卑劣目的。我們不妨「以其人之道，還治其人之身」，因為假的就是假的，流言蜚語總是有自相矛盾之處。抓住了對方自相矛盾的地方，予以堅決的回擊，對方搬起的石頭就會砸到自己的腳上。

溝通處方

無論你怎麼小心做事，謹慎做人，總難免會有愛挑事端的人散布你的謠言。如果你對這些所謂的謠言太過在意，它們就會如影隨形，讓你不得安生；如果你能坦然面對這些謠言，明白清者自清，謠言也就會慢慢化為烏有。

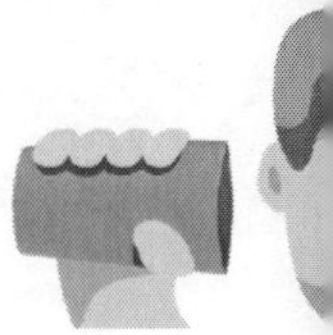

以誠相待你面對的人

北宋詞人晏殊素以為人真誠著稱。在十四歲時，他參加殿試，真宗出了一道題讓他做。

晏殊看完題目後，對真宗說：「陛下，十天以前我已經做過這個題目了，草稿還在，請陛下另外出個題目吧！」真宗見晏殊如此真誠，感到他很可信，便賜予他「同進士出身」。

晏殊任職期間，每逢節假日，京城的大小官員都會在外邊吃喝玩樂。晏殊因為家裡比較貧窮，沒有錢出去玩樂，只好在家裡和弟兄們閉門讀書。

有一次，真宗點名要晏殊擔任輔佐太子一職，許多大臣都不理解。真宗解釋道：「近來，群臣經常出門遊玩飲宴，唯有晏殊與弟兄們每天讀書寫文章，如此自重謹慎，難道不是最合適的人選嗎？」

晏殊聽後，向真宗謝恩後說：「其實我也是個喜歡遊玩的人，但因家裡貧窮無法出去。如果我有錢，也早就去參與宴遊了。」真宗聽後，更加讚嘆晏殊為人的真誠，對他也更加信任。

真誠的語言，不論對說話者還是對聽話者來說，都至關重要。說話的魅力，不在於說得多麼流暢，多麼滔滔不絕，而在於是否善於表達真誠。最能推銷產品的人，不見得

以誠相待你面對的人

一定是口若懸河的人，而是善於表達自己真實情感的人。

在說服對方時，用真誠的態度，會招人喜歡，易於被人接納。人情人理的話，一方面顯示說服者坦誠的態度，另一方面又尊重對方並為對方著想。這樣無論在交易原則上，還是在人的情感上都有了溝通，達成了共識，促使合作成功。

當松下電器公司還是一個鄉下小工廠時，身為公司領導者，松下幸之助總是親自出門推銷產品。每次在碰到砍價高手時，他總是真誠地說：「我的工廠是家小廠。炎炎夏日，工人們在熾熱的鐵板上加工製作產品。大家汗流浹背，卻依舊努力工作，好不容易才製造出了這些產品，依照正常的利潤計算方法，應該是每件……」

聽了這樣的話，對方總是開懷大笑，說：「很多賣方在討價還價的時候，總是說出種種不同的理由。但是你說的很不一樣，句句都在情理之中。好吧，我們就按你開出的價格買下來好了。」

松下幸之助的成功，在於真誠的說話態度。他的話充滿情感，描繪了工人勞作的艱辛、創業的艱難、勞動的不易，喚起了對方深切的同情，也換來了對方真誠的合作。

我們與人交談時，秉持著一顆「至誠的心」，不流於巧言令色、油嘴滑舌，適當將自己最好的一面透過「說話」表達出來，才能建立良好的人際關係，使自己融人群體之中。

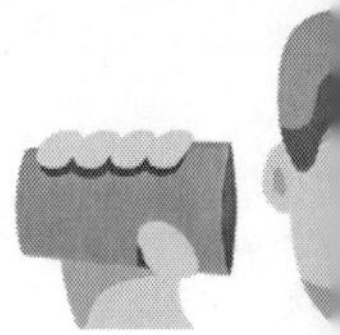

某位羅馬詩人說過：「當別人真誠地對待我們的時候，我們也要真誠地對待他們。」真正站在對方的立場上，為對方著想，並全面分析對方的利弊得失，說話真誠，語氣親切隨和，不卑不亢，人情人理，這是成功打動對方的訣竅所在。

說話如果只追求外表漂亮，缺乏真摯的感情，開出的也只能是無果之花，雖然能欺騙別人的耳朵，卻永遠不能欺騙別人的心。一位著名演說家曾經如是說：「在演說和一切藝術活動中，唯有真誠，才能使人怒；唯有真誠，才能使人憐；唯有真誠，才能使人信服。」

與人交談，貴在真誠。與人交流時只有捧出一顆懇切至誠的心，一顆火熱滾燙的心，才能讓人感動，才能動人心弦。

美國總統林肯就非常注意培養自己說話的真誠。他說：「一滴蜂蜜要比一加侖膽汁能吸引更多的蒼蠅。人也是如此。如果你想贏得人心，首先就要讓他相信你是他最真誠的朋友。那樣，就會像一滴蜂蜜吸引住他的心，也就是一條坦然大道，通往他的理性彼岸。」

林肯在一次競選辯論中曾說：「你能在所有的時候欺騙某些人，也能在某些時候欺騙所有的人，但你不能在所有的時候欺騙所有的人。」這句著名的格言成為林肯的座右銘，對於我們也不無借鑑之處。

如果能用得體的語言表達你的真誠，你就能很容易贏得對方的信任，與對方建立起信賴關係，對方也可能因此喜歡你說的話，輕易答應你提出的要求。

人與人之間，無論是雇主關係還是朋友關係，無論是親戚還是顧客，相互之間都應真誠相待。那麼，我們該如何換來他人對我們的真誠呢？答案很簡單，只有七個字，那就是：用真誠換取真誠。

> 拳王阿里因為年輕時不善於言辭而影響了自己的知名度。一次，阿里參賽時膝蓋受傷，觀眾大失所望，對他的印象更加不好了。當時，阿里並沒有拖延時間，而是要求立即停止比賽。阿里對此解釋說：「膝蓋的傷還不至於不能比賽，但為了不影響觀眾看比賽的興致，我請求停賽。」
>
> 在這之前，阿里並不是一個多有人緣的人，但是由於他對這件事的誠懇解釋，使觀眾開始對他產生良好的印象。他為了顧全大局而請求比賽暫停的真誠，是在替觀眾著想，由此也深深地感動了觀眾。

阿里以一句發自內心的真誠之語挽回了觀眾對自己的印象，也換來了觀眾對他的支持與喜愛。一個人能成功，很多時候並不在於他能滔滔不絕地吹噓自己，而是他能為他人著想，關心他人的利益，用自己的真誠換來他人的信任。

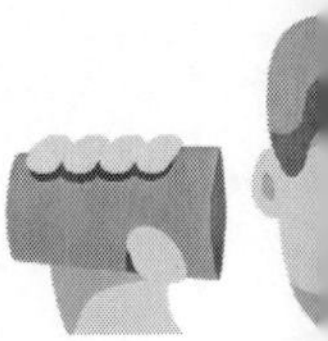

溝通處方

沒有誰樂意與虛偽之人深交，人們也都希望對方能真誠對待自己。而真誠相待是相互的，你若想要別人真誠對待你，就要從真誠對待別人做起。

在他人需要時伸一把手

有一個人做了一個夢。夢中，他來到一棟兩層的房子。

進到第一層樓時，他發現一張長長的大桌子，桌旁都坐著人，桌子上擺滿了豐盛的佳餚，可是沒有一個人能吃得到，因為大家的手臂受到魔法師的詛咒，全都變成直的，手肘不能彎曲，桌上的美食夾不到口中，所以個個愁眉苦臉。

這時，他聽到樓上卻充滿了歡快的笑聲。他好奇地上樓一看，同樣也有一群人，手肘也是不能彎曲，但是大家卻吃得興高采烈。

原來，每個人的手臂雖然不能伸直，但是因為對面的人彼此協助，互相幫助夾菜餵食，結果大家吃得很盡興。

沒有一個人可以不依靠別人而獨立生活。這本是一個需要互相扶持的社會。先主動伸出友誼的手，你會發現原來四周有這麼多的朋友。在生命的道路上，我們更需要和他

人互相扶持，共同成長。

朋友多的人與朋友少的人的區別之一，就是朋友多的人能夠主動去結交陌生人。主動結交陌生人並不難，只要你能主動向對方伸出友誼之手，結識新的朋友將是一件令人愉快的事情。

在生活中，當你伸出友誼之手，與陌生人彼此成為朋友時，你便會明白得到一個朋友是如此簡單與快樂。主動地結識陌生人並與之保持聯絡，這是使陌生人轉變為朋友的有效做法。

大多數情況下，現實中並不是每個人都願意主動去結識陌生人，而是習慣於被動地等待別人與自己主動打招呼，習慣這種被動的結交方式。如果所有的人都持這種態度，那麼人與人之間不就沒有交往了嗎？幸好有一部分人是天生的活躍者，他們善於主動和陌生人打招呼，並努力與對方加深關係，人與人之間才有了交往，世間才多了許多溫暖。那些主動的活躍者往往是最有收穫的人。他們朋友多、交際面廣，做事情時會有很多朋友給予支持和鼓勵。

要想獲得更多的朋友，得到更多人的幫助，就要能夠積極主動地結交陌生人，主動向對方伸出友誼之手。

具體來說，應當作到以下幾個方面。

■ **自我激勵**：與陌生人交往有心理壓力是正常的。這時，可以這樣鼓勵自己：我社交的能力雖然差些，但別人開始時也是這樣；任何事情，開始都不見得能做好，大家都一樣，經過努力，情況會變好的。

■ **自我安慰**：如果遇到一些很出色的人，我們很容易產生不自信和心理壓力，擔心對方看不起自己，拒絕與自己交往。這時，可以這樣考慮：他雖然是出色的，但自己在他面前也不是一無是處。人無完人，他在某些方面可能優於我們，但另一些方面我們也可能是優於對方的。

■ **有意識地去磨練**：在日常生活中，有意識地多增加實際鍛煉，是消除心理障礙的最有效方式。熟能生巧，即使不擅長社交的人，磨練多了也就慢慢掌握了其中的技巧，自然就會消除心理障礙，溝通便不再成問題了。

溝通處方

有些時候，人們在遇到困難時往往羞於向他人求助，你在這時挺身而出，主動幫助需要幫助的人，對方就會對你充滿感激之情，將你視為知己。

關心對方的感受

一家公司設立了兩個銷售部。

甲銷售部的一個銷售人員問自己的部門主管：「我每天都努力工作，為什麼總找不到顧客？」

主管很不耐煩地回答說：「如果能這麼容易找到顧客，我還找你做什麼？」

銷售人員聽完後無語，心裡很沮喪。

乙銷售部的一個銷售人員也問自己的部門主管：「我每天都努力工作，為什麼總找不到顧客？」

主管拍拍銷售人員的肩膀，說：「好問題！這說明你是一個既勤快又愛思考的人。遇到這樣的困惑，你是怎麼想的？」

銷售人員沉思了一會兒，說：「我想，也許是我對顧客不了解，總是發現不了他們的需求。」

主管又問：「那你有沒有什麼辦法呢？」

銷售人員想了想，頓悟道：「明白了，我知道該怎麼做了。謝謝您！」

主管滿意地點了點頭。

每個人都有被尊重和被認同的需求。人們是否感受到自己被尊重、被認同，很大程度上取決於自身的感受有沒有被人關心。

如果你愛上一個人，你就會對他的感受和情緒非常敏感，想盡辦法讓他時時刻刻都感覺到你很關心他，在乎他。對於一個陌生人，如果你根本就不注意他，也就不會關心他的感受。

關心對方的感受，才是真正地尊重對方、重視對方。只有關心對方感受，才能讓對方從心裡接受你、信任你，願意聽取你的意見和建議。關心對方感受是一把鑰匙，能夠打開與人交往的大門。

如果我們不去理會他人的感受，也不理解他人的想法，就容易讓對方感覺不舒服。即使是自己認為快樂、幸福的東西，如果不考慮對方是不是喜歡，願不願意接受，就強加於人，對方往往是不會領情的。

在現實生活中，人們的感受常常不容易被發現。有時，人們還會把自己的感受刻意隱藏起來。這是人們保護自己的習慣，也成為交往的障礙。我們只有靠關心對方的感受，才能打開對方的心門。

被尊重的需求就像空氣和水一樣時刻被需要，無論誰都如此。這種需求並不會因為

關心對方的感受

年齡增長、感情加深、關係密切而減少，相反，這種需求會更強烈。時刻關心人們對尊重、認可、重視的渴望，充分滿足人性的需求，千萬不可掉以輕心。

當你和很熟悉的人相處，開始覺得「無所謂」時，你要有一種「緊張感」：提醒自己時刻關心他的感受，千萬不要「口無遮攔，語出傷人」。

當你尊重和認可了他人，你會收穫很多。比如，事情進展得更順利，節省更多的時間，減輕更多的壓力。同時，你會樂於聆聽別人的意見，獲得更多啟發或方法，增加更多成功的機會，也會為你贏得他人的尊重與認可。

每個人的一生都會面對許許多多的陌生人。對於我們的親人、朋友付出關心並不難，然而，要對陌生人付出關心，就不是一件簡單的事情了。但是，關心對方才能贏得對方，才能打破溝通的障礙。

「魔術之王」薩斯頓（Howard Thurston）周遊世界，一再創造出各種幻象，令觀眾如痴如醉、驚奇不已，受到數千萬人的歡迎，獲得了巨大的成功。

薩斯頓說，不是他的魔術技藝高人一等。他認為關於魔術的書已經有幾百種，而且有相當多的人知道的魔術同他一樣多，但他卻有其他人所沒有的獨到的優點：他在舞臺上能夠展現自己的個性，有打動觀眾的獨特風格。

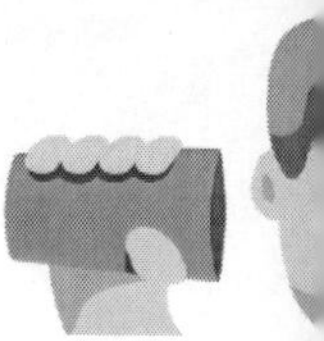

薩斯頓是一位表演天才，他了解人類的天性。他的每個手勢、每種聲調、每一次揚起眉毛，都是提前演習好了的，因而他的每一個動作也都配合得天衣無縫。更為重要的是，薩斯頓真心關心觀眾的感受，能夠為觀眾付出所有的熱情。

有些技藝高超的魔術師認為觀眾是一群笨蛋，能夠被自己騙得團團轉。但是，薩斯頓卻完全不那樣認為。他每次上臺前都會對自己說：「感謝這些人看我的表演，是他們使我過著舒適的生活。我一定要盡力為他們演出最好的節目。」薩斯頓就是這樣一位用關心贏得觀眾喜愛的藝術家。

實際上，如果你能夠真心實意地關心別人，那麼你的生活將順利很多，別人對你的幫助必將使你大為受益。

在生活中，大多數人往往苦嘆不知如何與陌生人消除彼此的隔閡，進而使雙方熟悉，開始交往。每個人都想博得他人的關心與認可，但是卻忽略了對別人的關心與認可。人與人之間的關係是相互的：你敬我一尺，我就敬你一丈；你不關心別人，別人也不會關心你。

假如你有只想讓別人注意自己，讓別人對你感興趣的想法，你就永遠也不會有許多真摯而誠懇的朋友。如果你試著用心去關心別人，那麼即便是陌生人也會成為你的朋友。要使別人喜歡你或者建立真正的友情，得到別人的幫助，生活更加愉快，那麼就請從改變自身開始：真誠地關心別人，愛護別人。

溝通處方

你關心和愛護對方，對方感受到你在意他和尊重他的感受，就會樂意與你交往，同時也會反過來更加關心和愛護你。

第三章
洞悉對方心理，深入對方內心

不清楚對方的真實想法，無論怎麼交流，你都不可能達到有效的溝通目的。只有明白對方想法的是什麼，是怎麼想的，你才能與對方深入地溝通。

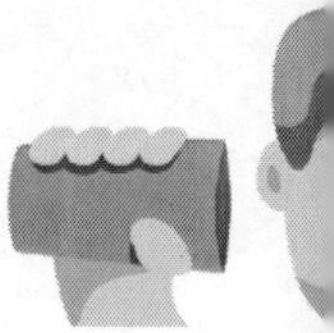

選好與對方溝通的切入點

一位年輕女子在一個首飾店的櫃檯前看了很久。售貨員問了一句：「這位女士，您需要什麼？」

「我隨便看看。」女子的回答好像有點心不在焉，可她仍然在仔細觀看櫃檯裡的陳列品。此時，售貨員如果還找不到和顧客共同的話題，很難營造買賣的良好氣氛，可能就會使到手的生意泡湯。

然而，細心的售貨員忽然間發現女子的上衣別具特色：「您這件上衣好漂亮呀！」

「噢！」女子的視線從陳列品上移開了。

「這種上衣的款式很少見，是在隔壁的百貨大樓買的嗎？」售貨員滿臉熱情，笑呵呵地繼續問道。

「當然不是。這是從國外買來的！」女子終於開口了，並對自己的回答頗為得意。

「原來是這樣，我說怎麼在國內從來沒有看到這樣的上衣呢。說真的，您穿這件上衣，確實很吸引人。」售貨員不失時機地稱讚道。

「您過獎了。」女子有些不好意思了。

「只是……對了，可能您已經想到了這一點，要是再配一條合適的項鍊，效果可能就更好了。」聰明的售貨員終於順勢轉向了主題。

「是呀，我也這麼想，只是項鍊很昂貴，怕自己選得不合適……」

「沒關係，我來幫您挑選一下……」

聰明的售貨員正是巧妙運用了溝通的藝術，搭起相識的橋梁，順勢引導那位陌生的顧客，最終成功地推銷了自己的商品。

初次與陌生人見面，就要找到一個合適的話題，使談話融洽自如。好話題，是初步交談的媒介，深入溝通的基礎，開懷暢談的開端。

尋找與陌生人交談的技巧，一般情況下，是從天氣、家鄉、興趣和衣著等方面著手，而且這些問題也不易觸及對方的敏感處。

在社交場合中，每一個社會成員都有一個特定的角色。交談是社會成員所處的特定角色的重要表現形式。由於交流的物件、氣氛、環境不同，談話的內容和方式也應靈活機動，不斷調整。能夠在任何條件下坦然與人交談並獲得別人的好感，這就說明你掌握了談話的技巧。

成功的交談有賴於對話題的選擇，話題選得恰當，交談就融洽自如；話題選擇得不恰當，交談就受到阻礙。所謂話題，就是談話的中心。話題的選擇反映著談話者品味的高低。選擇一個好話題，可使談話的雙方找到共同的語言，往往就預示著談話成功了一

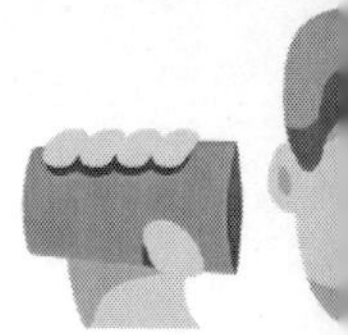

大半。好話題的標準是：至少有一方熟悉能談，大家感興趣愛談，有展開探討的餘地。要使交談順利進行，就要找到雙方共同感興趣的話題，而不能只從自己的興趣出發，要更多地從對方的興趣入手。

比如，你對足球情有獨鍾，而對方則愛好攝影。這時，你就不要津津樂道地講足球比賽，最好以攝影為話題。如果你對攝影略知一二，那肯定談得投機；如果不太熟悉，那也是個學習的機會，可靜心傾聽，適時提問，藉此增長知識，開闊眼界。一個話題只有讓對方感興趣，交談才有可能深入下去。

交談中除注意選擇話題外，還應該學會適時發問。發問可以引導交談按照預期的目的進行，調整交談的氣氛。由於人的知識水準不同，所處的社會環境不同，我們必須仔細觀察，了解對方的身分，以使問題得體、不唐突。精妙的提問能使你獲得所需的資訊、知識和利益，並且能夠證明你十分重視對方的談話，從而激起對方的興趣，向你提供更多的資訊。

交談中最忌諱的就是一方滔滔不絕地高談闊論，一味地說教，借題發揮，炫耀自己。交談時要注意以平等的態度禮貌待人，應設法使在座的每個人都有機會參與談話，這是對人的一種理解和尊重。因為無論在座者的身分地位如何、性格愛好如何，都希望別人不要忽視他。

在交談中，要充分重視對方的談話。聽對方說話時，目光要始終親切地注視對方，用眼神和表情表示出你熱誠專注的態度，要聚精會神、專心致志地聽，不要隨意打斷對方的談話。這樣，對方就會覺得受到尊重，並認為你對他的話感興趣，對你也會產生好感。

有時，對方談論的一些話題你已十分熟悉，出於禮貌，應保持耐心，不要露出不耐煩的神色。有時，對方談的話題對你而言完全陌生，很難聽出興味，但出於尊重對方，也應靜心傾聽。

聽人說話，不能只是被動接受，聽者應細心體會對方的感覺，及時地做出積極的反應，以鼓勵對方繼續談話的興趣。在對方談話時，可用贊同、複述對方話語、簡短評論、提問等有聲語言來表示，比如，「你說得對」、「確實是這樣」、「我也有同感」、「你說得太有趣了」等，還可以用點頭、微笑等姿體語言來示意。目的是表明自己在用心傾聽、積極思考，對方會受到鼓舞，提高說話的興致，這樣會將交談愉快地進行下去，自己從中也可獲得更多的資訊。

人們聽話的反應比說話要快，因此在聽人講話的過程中總有一定的時間空隙可以思考。一個注意傾聽且善於傾聽的人，會利用這些空隙暗自思考，回味對方說話的內容，分析、歸納和概括，明確中心，切實抓住要點。一般來說，交談中對方說話是直截了當

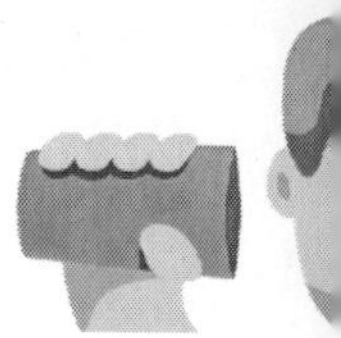

的，其說話的意圖和內涵是比較容易理解和掌握的。但是，在人際交往中，出於種種原因，有時候對方的某些意思是透過委婉含蓄，或閃爍其詞的話語表達出來的。這潛藏其中未明白說出的深意就是平常所說的言外之意，傾聽者必須留意對方說話的語氣、聲調、用詞、神態和談話的背景，並透過這些仔細去體會對方的言外之意，才能真正理解對方說話的意圖，從而做出正確的判斷和回應，以加強雙方交流溝通的效果。

交談中的語言往往是臨場發揮的，這就需要高度的機智和靈活性。尤其是在各種有目的的談判或是針鋒相對的辯駁中，要求談話者要有機敏的應變能力。

為了愉快的交談，還需要設法營造出一個輕鬆和諧的談話氛圍。有些人與熟人在一起時，談天說地，無拘無束，興致很高；而一見陌生人，就緊張拘謹，無法張嘴說話。其實，一個人說話的膽量大小，說話水準發揮得如何，往往與所處的環境氣氛有關。交談的氣氛沉悶壓抑，人的情緒提不起來，覺得乏味，自然也就失去了談話的興趣；而交談的氣氛寬鬆，人的興致便高，談興也較濃，就會放下包袱，暢所欲言。而且，在寬鬆的氣氛中，也容易說服對方接受自己的觀點，使交談獲得意想不到的效果。

善於運用新鮮、生動活潑的話語，化平淡為有趣，化沉悶為笑聲，能為交談增添一份輕鬆、祥和、歡樂的氣氛，讓聽者在說笑中明白某件事和某種道理。

與人交往時，只要你主動、積極地同對方交流、溝通，並用心逐漸摸索、試探，總會找到對方感興趣的話題。

溝通處方

由於交流的物件、氣氛、環境不同，談話的內容和方式也應靈活機動，不斷調整。能夠在任何條件下坦然與人交談並獲得別人的好感，這就說明你掌握了談話的技巧。

讓對方與自己產生感情上的共鳴

伽利略年輕時就立下雄心壯志，要在科學研究方面有所成就。他希望得到父親的支持和幫助。

他對父親說：「爸爸，我想問您一件事，是什麼促成了您和母親的婚事？」

「我看上了她。」父親平靜地說。

伽利略又問：「那您有沒有娶過別的女人？」

「沒有，孩子。家裡的人要我娶一位富有的女士，可我只鍾情於你的母親。她從前可是一位風姿綽約的少女。」

伽利略說：「您說的一點也沒錯，她現在依然風韻猶存。您不曾娶過別的女人，因為您愛她。您知道，我現在也面臨著同樣的處境。除了科學以外，我不可能選擇別的職業，因為我喜愛的正是科學。別的對我而言毫無用途、也毫無吸引力。難道要我去追求財富、追求榮譽？科學是我唯一的需求。我對她的愛猶如對一位美貌的女子的傾慕。」

父親說：「像傾慕女子那樣？你怎麼會這樣說呢？」

伽利略說：「一點沒錯，親愛的爸爸，我已經十八歲了。別的學生，哪怕是最窮的學生，都已想到了自己的婚事，可我從沒想過那方面的事。我不曾與人相愛，我想今後也不會。別的人都想尋求一位標緻的少女作為終身伴侶，而我只願與科學為伴。」

父親始終沒有說話，仔細地聽著。

伽利略繼續說：「親愛的爸爸，您有才幹，但沒有膽量，而我兼而有之。為什麼您不能幫助我實現自己的願望呢？我一定會成為一位傑出的學者，獲得教授身分。我能夠以此為生，而且比別人生活得更好。」

父親為難地說：「可我沒有錢供你上學。」

「爸爸，您聽我說，很多窮學生都可以領取獎學金，這錢是公爵宮廷給的。我為什麼不能去領取一份獎學金呢？您在佛羅倫斯有那麼多朋友。您和他們的交情都不錯，他們一定會盡力幫助您的。也許您能到宮廷去把事辦妥，他們只需問一問公爵的老師就行了。他了解我，知道我的能力……」

父親被說動了：「嘿，你說的有道理，這是個好主意。」

就這樣，伽利略最終說動了父親，並透過努力實現了自己的理想，成了一名偉大的科學家。

人與人的溝通，很難在一開始就產生共鳴。當我們試圖說服別人，或對別人有所求的時候，最好從對方感興趣的話題談起，不要太暴露自己的意圖，讓對方一步步贊同你的想法。在對方深入了解了之後，便會不自覺地認同你的觀點。

有時，如果以對方身邊的人物為話題，那麼，談話就會更順利。

某食品公司的業務員秦小姐，每當與人交談不順利時，就會巧妙地將話題轉向對方的家庭或孩子。有一次，她接待了一位表情嚴肅、不苟言笑的客戶。

秦小姐說：「令郎現在讀小學吧？」聽到這句話，那位客戶表情立刻發生轉變，笑著回答：「是啊！小傢伙可調皮了。」

秦小姐就是透過將與那位客戶有著血肉之親的孩子作為話題，成功地完成了在洽談之前的「情感交流」。

與陌生人交流，要掌握好火候，既要以情感人又要以客觀事實為依據。如此交談下去，就會順利很多。

溝通處方

當我們試圖說服別人，或對別人有所求的時候，最好從對方感興趣的話題談起，不要太露自己的意圖，讓對方一步步贊同你的想法，與你產生感情上的共鳴。在對方深入了解之後，便會不自覺地認同你的觀點。

迎合對方的興趣說話

歐陽小姐是一家房地產公司總裁的公關助理，奉命聘請一位著名的園林設計師為本公司的一個大型園林專案做設計顧問。但是，這位設計師已退休多年，且性情清高孤傲，一般人很難請得動他。

為了博得老設計師的歡心，歐陽小姐事先做了一番調查。她了解到設計師平時喜歡作畫，便花了幾天時間讀了幾本中國美術方面的書籍。她來到設計師家中。剛開始，設計師對她態度冷淡。歐陽小姐就裝作不經意地發現老設計師的畫案上一幅剛畫完的國畫，便邊欣賞邊讚嘆道：「老先生的這幅丹青，景象新奇，意境宏深，真是好畫啊！」一番話使老先生心中浮現愉悅感和自豪感。

接著，歐陽小姐又說：「老先生，您是學清代山水名家石濤的風格吧？」這樣，就進一步激發了設計師的談話興趣。果然，他的態度轉變了，話也多了起來。歐陽小姐對所談話題著意挖掘，環環相扣，使兩人的感情越來越近。終於，歐陽小姐說服了設計師，出任其公司的設計顧問。

初次見面的人，如果能用心了解對方的興趣、愛好，就能縮短雙方的距離，加深彼此的好感。對不懂的人來說，似乎覺得談論嗜好是非常無聊的，殊不知熱愛此道的人，卻覺得有無限的樂趣。興趣愛好截然不同的人，無異於是處在兩個世界。要他們在一起閒談的話，彼此都會覺得乏味。

想要得到對方的好感，我們應該設法了解對方的興趣，然後才能使談話投機。平時我們與別人談話，如果發現彼此興趣相投，不由就會產生幾分親近感，談話也就變得十分愉快。

有一位酷愛高爾夫球運動的保險公司業務員，碰到了喜歡高爾夫球的客人，就大談打高爾夫球的話題，很少提及保險方面的事情，結果反而在這些人中簽下了許多保險單。彼此情投意合，自然會成為好夥伴。

無論是在哪種場合下與人交往，總是可以透過很多管道了解到對方的喜好。對他人喜好之物表示興趣，可以順利地達到溝通的目的。

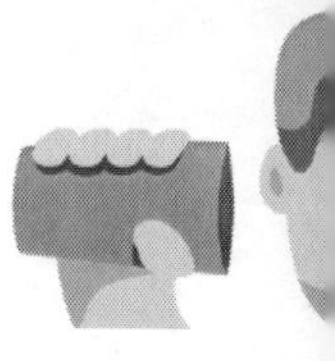

要想迎合對方的興趣，不適合主動挑起話題，更多的要用暗示，表明是不經意和他人的興趣愛好相一致，這樣才能令他人興奮。如果主動挑起話題，往往達不到效果。比如說，面對一個喜歡寫詩的人，你要是主動去和他大談特談寫詩，他可能很厭煩，因為這方面他是專家，你所說的在他看來一句都不在點子上。如果你無意中表示出興趣來，讓他來談詩，你們的溝通就會很順利。不經意地表達出和別人一樣的興趣愛好，會讓別人主動趨近自己。

著名口才大師卡內基說：「即使你喜歡吃香蕉、三明治，但是你不能用這些東西去釣魚，因為魚並不喜歡它們。你想釣到魚，必須下魚餌才行。」

說服別人的訣竅就在於，迎合他的興趣，談論他最為喜歡的事情。聰明的人在說服別人的時候，懂得迎合別人的嗜好，這樣能讓對方感覺到受重視、受尊重。當然，這個「迎」，一定要迎合得巧妙，不能讓對方看出任何破綻。愚蠢的人在說服別人的時候，只談論自己，從來不考慮別人。這樣的人永遠不會得到別人的認同。

每個人都有自己感興趣的東西。比如，有的人喜歡籃球，有的人喜歡軍事，有的人喜歡音樂，有的人對演藝圈的八卦新聞感興趣，有的人對書法繪畫感興趣，有的人對烹調食物感興趣，有的人對神祕現象著迷……等等。總之，每個人都有一項或多項的興

迎合對方的興趣說話

趣，會說話的人在說服別人的過程中，懂得迎合別人的興趣。你要別人怎麼待你，就得先怎樣待別人。那麼，如果你想讓別人對你感興趣，那就要先對別人感興趣。

一些人在推銷節油汽車時，一見顧客就開門見山地說明這種汽車可為顧客省很多汽油等等，結果往往會招致反感，吃閉門羹。

段小姐是一位節油汽車推銷員。她常常會這樣開頭：「先生，請教一個您所熟悉的問題，增加貴店利潤的三大原則是什麼？」

客戶對這種話題肯定十分樂意回答。他會說：「第一，降低進價；第二，提高售價；第三，減少開銷。」

段小姐會立即抓住第三條接下去說：「您說的句句是真言。特別是開銷，那是無形中的損失。比如汽油費，一天節約二十元，您想過有多少嗎？如果貴店有三輛車，一天節省六十元，一個月就有一千八百元。發展下去，十年可省二十一萬元。如果能夠節約而不節約，豈不等於把百元鈔票一張張撕掉？如果把這筆錢放在銀行，以五分利計算，一年的利息就有一萬多元。不知您有何高見，覺得有沒有節油的必要呢？」

聽了段小姐的話，對方就會自覺地想到不能再「浪費」下去了，而要設法用節油車，以結束這種惡劣狀況，最終購買她的節油汽車。

溝通處方

我們與別人談話時，如果發現彼此興趣相投，不由就會產生幾分親近感，談話也就變得十分愉快。因此，與人交往想要得到對方的好感，我們首先要設法了解對方的興趣，然後迎合它。

尊重對方的觀點

王家與趙家是鄰居。王家老是吵架，趙家則是內外融洽。日子久了，王家很納悶，就詢問趙家：「為什麼我們家天天吵架，永無寧日，而你們家一團和氣，從來沒有糾紛呢？」

趙家的人說：「因為你們家都是好人，所以總是吵架；而我們家都是『壞人』，所以吵不起來。」

「這是什麼意思？」

「比方說，有人打破了花瓶，你家的人都覺得自己沒有錯，錯在別人，一味地指責別人的不是，自然就爭執不休了。我們家的人怕傷害到家人，寧可先認錯。打破花瓶的人馬上道歉：『對不起！對不起！是我太不小心了。』對方也立刻自責：『不怪你！不怪你！都怪我把花瓶放在這裡。』人人承認錯在自己，關係自然就和諧了。」

尊重對方的觀點

我們生活在社會群體中，人與人之間發生矛盾、產生誤解是常有的事。如何處理好這方面的問題，我們的祖先留下了許多可貴的思想和可供借鑑的經驗。明代朱袞在《觀微子》中說過：「君子忍人所不能忍，容人所不能容，處人所不能處。」在為人處世上動輒發怒使性子的人，最終毀掉的不僅僅是自己的風度，還包括自己的前途。

被人誤解時不要太委屈，錯的是別人，不是自己，相信事情真相終會大白。當我們做錯了事免不了會受到責備時，先冷靜下來，從自我意識中深刻地反思，這樣就不至於發生爭吵。

在人與人相處的過程中，有的人常會抱怨、批評對方難以溝通，認為別人無法理解自己的想法，因而產生諸多爭執。這是因為對溝通的真實意義有認知上的錯誤。他們認為溝通就是要讓別人接受自己所希望、所預期的一切結果，但他們往往卻忘了要體察別人的需求和想法。

人與人相處時，如果彼此意見相左，應該先放下自己的看法、意見，以接納的心去傾聽對方真正的想法與需求，然後再看自己的想法與對方想法和需求之間的差異。最後，依據對方的經驗，以其能理解及接受的語言模式來表達自己的看法。溝通對象的認知取決於其教育背景、生活環境、過去的經歷以及他的情緒等因素。如果沒有意識到這些問題的話，以對方無法理解的語句來表達意見，只會讓對方思路雜亂，那樣的溝通將會是沒有結果、沒有成效的。

如果我們不善於尊重說話者的觀點，那我們可能會錯過很多機會，而且無法和對方建立融洽的關係。因此，我們要尊重說話者的觀點。

尊重說話者的觀點，可以讓對方知道我們一直在聽，而且我們也聽懂了他所說的話。雖然我們不一定同意他的觀點，但是我們還是很尊重他的想法。若是我們一直無法接納對方的觀點，就很難和對方建立融洽的關係。除此之外，尊重說話者的觀點，也能夠幫助說話者建立自信，使他更能夠接納別人不同的意見。

要做到尊重別人的觀點，首先自己要有很高的修養，有大度的胸懷，能容忍他人，能寬容他人，能求同存異，少計較個人得失，多考慮大局利益。

每個人都有自己的立場與價值觀。當對方說話時，我們必須站在對方的立場，仔細地傾聽他所說的每一句話，即使不認同也要包容，不要用自己的價值觀去指責或評判對方的想法。我們要包容那些意見跟我們不同的人，這樣才能與對方保持良好的溝通。

很多人希望把自己的觀點告訴別人，希望把自己好的建議介紹給別人。很多時候，往往自己覺得說得很有道理，而且明明是對對方有好處的，但是對方卻總是不相信，即使自己說的再有道理，對方也好像總是半信半疑，不能徹底相信。這是因為，溝通中，如果只願意給別人灌輸自己的觀點而不願意聽取別人的意見，就會阻礙溝通。

如何能讓一個人心甘情願地接受自己的意見和建議，得到自己的幫助呢？最好的說服不是在嘴上說服，而是從心上說服。為了解決這個問題，我們在這裡介紹給大家一個以平等思維說服人的模式。利用平等思維說服，對方會覺得你提給他的建議是他自己的選擇，而不是被你說服了。

- **理解和接納對方的觀點**：每個人在成長過程中，學到了不同的東西，有各自不同的經驗，形成了自己的一套知識和經驗系統。基於這套知識和經驗系統，形成了穩定的判斷事物的標準。他所有的選擇都是基於這種標準判斷的。

  當你想把自己的觀點介紹給別人，試圖勸服對方的時候，首先要接納和理解對方的觀點。這時候，對方才會跟你和諧相處，才容易接受你的觀點。當你發現對方的觀點明顯偏激、不完善甚至是愚蠢時，只是因為你不了解他的判斷標準或他的判斷依據而已。

- **展示另外的選擇**：短期來看，人們看待事物和評判事物的標準是穩定的。但從長期來看，人們在不斷接受新知識和新經驗的過程中，新的知識和經驗都會不斷地影響著人們的心，在改變著人們的判斷標準。

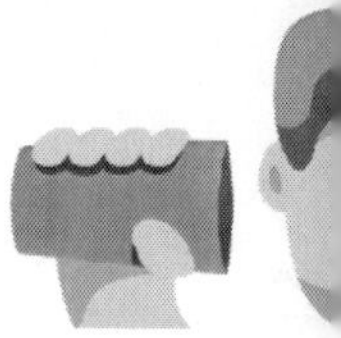

要想改變一個人的判斷，可以有兩種方法：一是改變這個人的判斷所依據的條件；二是改變這個人的判斷標準背後的知識和經驗系統。

改變人們的判斷所依據的條件是一個解決問題的好辦法。人們由於有不同的知識和經驗系統，他們看問題的角度也往往不同，所以，在看待同一事物的時候，往往會看到不同的結果，他們依據這些結果來判斷事物，當然會得出不同的結論。

想改變人的判斷標準背後的知識和經驗系統，就要長期讓這個人接受正向的薰陶，這就是所謂的近朱者赤、近墨者黑的道理。

■ **尊重對方的選擇**：當對方已經看到了我們提供的選擇的時候，他如果還是選擇原先的做法，我們當然要尊重對方。

溝通處方

如果我們不善於尊重說話的觀點，那我們可能會錯過很多機會，而且無法和對方建立融洽的關係。

了解對方需要的是什麼

一次，在李蓮英的保薦下，醇王特地在宣武門內太平湖的府邸接見盛宣懷，向他垂詢有關電報的事宜。

盛宣懷以前沒有見過醇王，但與醇王的門客「張師爺」從交甚密，從他那裡了解到醇王兩個方面的情況：其一，醇王跟恭王不同，恭王認為中國要跟西洋學，醇王則認為中國人不比西洋差；其二，醇王雖然好武，但自認為書讀得不少，詩文頗具文采。

盛宣懷了解情況後，就到身為帝師的工部尚書那裡抄了些醇王的詩稿，背熟了好幾首，以備「不時之需」。畢竟「文如其人」，盛宣懷還從醇王的詩中悟出了些醇王的心思，胸有成竹之後，盛宣懷前來謁見醇王。

當他們談到電報這一名詞的時候，醇王問：「那電報到底是怎麼回事？」

「回王爺的話，電報本身並沒有什麼了不起，全靠活用，所謂『運用之妙，存乎一心』，如此而已。」

醇王聽他能引用岳武穆的話，不免另眼相看，隨即問道：「你也讀過兵書？」

「在王爺面前，怎麼敢說讀過兵書？不過英法內犯，文宗皇帝西狩，憂國憂民，竟至於駕崩。那時如果不是王爺神武，力擒三凶，大局真不堪設想了。」盛宣懷略停了一下又說，「那時有血氣的人，誰不想洗雪國恥，宣懷也就是在那時候自不量力，看過一兩部兵書。」

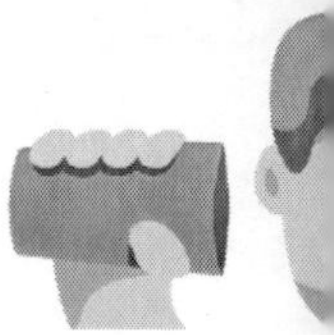

盛宣懷真是三句話不離醇王的「本行」，他接著又把電報的作用描繪得神乎其神。醇王也感覺飄飄然，後來醇王乾脆把督辦電報業的事託付給了盛宣懷。

如果一個人特意要去結識一個從未打過交道的陌生人，應當把這一過程當成一次人生的挑戰，事先做好充分的準備。可以透過多種管道了解對方的背景、經歷、性格、好惡，在對對方基本情況瞭若指掌的前提下，設想有可能出現的問題，做好以不變應萬變的心理準備。然後，在交往之中針對對方的特點有的放矢，從而贏得對方信任。

與人交談，若能使對方與你產生思想上的共鳴，碰撞出激烈的火花，就代表你的話打動了對方，觸動了對方的心弦。這就能很容易地與對方建立起良好的交往關係。

同樣的話在不同的時間，不同的場合說，就會產生不同的效果。要想使自己的話在對方的心裡有一定的分量，就必須掌握說話的最佳時機。這就需要我們用耳朵認真聽，用眼睛仔細看，用大腦全面分析，尋找最合適的機會表達想法，那麼成功的溝通就不是難事了。

找準時機，把話說到人心裡去，自然能促進溝通的順利進行。如果在此基礎上，我們能掌握說話的方法，把一句話說好、說巧，符合對方的「品味」，那必將會使談話錦上添花。不恰當的說話方式不僅會影響表達效果，甚至可能給自己帶來不必要的麻煩，這就應了我們經常聽到的一句話：禍從口出。

明代開國皇帝朱元璋，出身貧寒，少年時代就給地主家放牛，為了填飽肚子甚至出家為僧。但朱元璋胸有大志，歷盡坎坷，終於成就了一代霸業。

朱元璋當上皇帝後，一天，當年一塊玩耍的夥伴前來拜見。他見到朱元璋高興極了，生怕朱元璋忘了自己。於是，他指手畫腳地在金殿上高聲說：「我主萬歲！您還記得嗎？那時候，我倆都給人家放牛。有一次，我們在蘆葦湯裡把偷來的豆子放在瓦罐裡煮著吃。還沒等煮熟，大家就搶著吃，把罐子都打破了，撒了一地的豆子，湯都潑在了泥地裡。你只顧從地下抓豆子吃，結果被紅草根卡住了喉嚨。當時，還是我出的主意，讓你吞下一把青菜，才把那紅草帶進了肚子裡。」

當著文武百官的面，自己當年的狼狽相被人和盤托出，朱元璋又氣又惱，只好喝令左右：「哪裡來的瘋子，來人，把他轟出去。」 會說話的人能一句話說得人笑，不會說話的人一句話說得人跳。話不投機半句多，言逢知己千句少。要想在溝通中處於優勢，首先要打開對方的心門，能把話說到對方的心坎裡。

我們可以提前做些功課，多了解對方一些情況，從對方所思所想入手，定能「言到功成」。

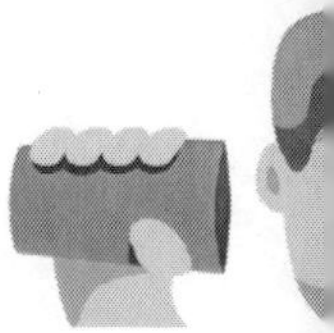

溝通處方

從對方需要的入手，迎合對方的需求，你才更容易與對方搭建起順暢的溝通平臺。

和對方換位思考

換位思考是人對人的一種心理體驗過程。將心比心，設身處地，是達成理解不可缺少的心理機制。它客觀上要求我們將自己的內心世界，如情感體驗、思維方式等與對方連繫起來，站在對方的立場上體驗和思考問題，從而與對方在情感上得到溝通，為增進理解奠定基礎。人與人之間要互相理解、信任，並且要學會換位思考，這是人與人之間交往的基礎。我們要學會互相寬容、理解，多去站在別人的角度上思考。

生活中，我們經常要換位思考，往往是因為我們遭遇到苦惱與挫折，慣常的思維使我們無法擺脫困擾，除了造成心理上的傷痕之外，還會導致行為上的偏差。我們要從生活自身的邏輯出發，學會變通進取，換一種立場看問題，從失敗和挫折中不斷總結經驗，產生創造性的變遷。

透過換位思考，我們可以突破固有的思考習慣，學會變通，解決常規性思維下難以解決的事情；透過換位思考，我們可以了解別人的心理需求，感受到他人的情緒，將溝通進行到底；透過換位思考，我們可以揣摩到對方的心理，達到說服對方的目的；透過換位思考，我們可以欣賞到他人優點，並給予對方真誠的鼓勵，使團隊和諧運作高效。

換一個角度看問題，往往能夠帶來新鮮的感覺，帶來另一種分析結果，甚至改變自己的思維和判斷，讓自己的工作、生活充滿活力。

■ **換位思考，要學會理解他人**：理解說起來很簡單，要做起來卻很難。每個人都有自己的人生觀與價值觀，所以自己的想法當然與別人的有所不同。在我們的工作、生活中，時常遇到這樣一些人，他總認為自己苦悶、煩惱、憂鬱，同事、家人都不能理解，給自己造成很大的心理壓力。這就是缺乏人與人之間的交流和心與心之間的溝通。我們如果都能夠換位思考，站在別人的立場去考慮問題，這樣也許就能真正地理解。只有理解了，才是溝通的前提，也會大大提高溝通的效率，這樣也許就能夠事半功倍。

■ **換位思考，學會寬容他人**：有人說，寬容是一種修養，一種處變不驚的氣度，一種坦蕩，一種豁達。

我們需要寬容同事，寬容自己在競爭中的對手。多一些寬容，公開的對手或許就是我們潛在的朋友。換位思考，需要角色的轉換。如果工作中產生了摩擦，應當把自

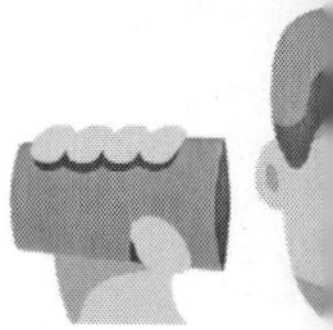

己和對方所處的位置關係交換一下，站在對方的立場上，以他的思維方式或思考角度來考慮問題。這樣，當你本來想發怒的時候，透過換位思考，你的情緒就會變得平靜下來；當你覺得對方不可理喻的時候，透過換位思考，你會真切地理解他此時此地的感受；透過換位思考，你也會變得寬容。

溝通處方

人與人之間要互相理解、信任、並且要學會換位思考，這是人與人之間交往的基礎。我們要互相寬容、理解，多去站在別人的角度上思考。

引導對方說出更多詳細資訊

蓋爾是一家煤炭商店的推銷員。這家商店生意雖然還算不錯，但相鄰的那家規模龐大的連鎖商店卻從來不在蓋爾的店中進貨，而寧願繞遠路到別的煤炭商店去購買。這一情況使蓋爾百思不得其解。每當看到連鎖商店的運輸卡車拉著從別處購買的煤炭，從自己的店門口路過時，他心裡便酸溜溜的。「這樣下去不行！連緊鄰的關係都打不通，我怎能算得上一個合格的推銷員？」於是，蓋爾下定決心，一定要說服連鎖商店經理從他的店中購買煤炭。

引導對方說出更多詳細資訊

一天上午，蓋爾彬彬有禮地出現在連鎖商店經理的辦公室裡。「尊敬的經理先生！」蓋爾十分得體地說，「今天來打擾您並不是為了向您推銷我店的煤炭，而是有一件事想請您幫忙。最近我們準備以『連鎖商店的普及化將對未來產生什麼影響』為題開一個討論會，我將要在會上發言。您知道，在這一方面，我是個外行。因此，我想向您請教有關這方面的一些知識和情況。除了您，我再也想不出其他更合適的、能給我以指點的人了。我想您不會拒絕我的請求吧？」

事後，蓋爾曾經這樣說：「原先，我和這位經理約定，只打擾他幾分鐘。這樣，他才勉強同意接待我。結果，我們談了將近兩個小時。這位經理不僅談了他本人經營連鎖商店的經過，對連鎖商店在商業中的地位與作用的了解，而且還吩咐一位曾寫過一本關於連鎖商店小冊子的部下，送一本他寫的書給我；他又親自打電話給連鎖商店工會，請他們給我寄一份有關這個問題的討論記錄稿副本。談話結束後，我起身告辭，這位經理笑容滿面地將我送到門口。他祝我在討論會上的發言能贏得聽眾，又再三叮囑我一定要將討論會的詳情告訴他。臨別時，他對我說的最後一句話是『從春季開始，請你再來找我。我想本店的用煤由貴店來提供，不知行不行？』」

一個長時間沒有解開的死結，被蓋爾用兩小時的談話就解開了。

提問的方法是非常有效的。不必配合不同的環境去找不同的話題，只要你記住「請教」這兩個字，就可以馬上讓對方打開話匣子。

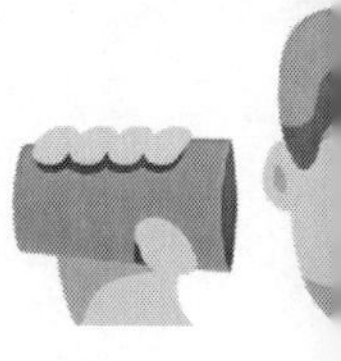

在提問的時候，可以把對方下意識的動作當成打開沉默的話題。假如對方只是一味抽菸，你發現他在抽菸時有某種習慣，就可以立刻問他：「你抽菸的動作很有趣，像吞雲吐霧一般。你是怎麼做到的？」看到對方的咖啡里加兩勺半的砂糖，也可發問：「對不起，為什麼你非要放兩勺半砂糖不可？」通常面對這類問話，人們都會熱心回答。尤其面對較內向、看來羞怯的人，不妨多發問，說明他把話題延續下去。

誘導對方多說話，讓他情不自禁地說出真情。你可以先開口說幾句簡單的話，靜聽對方的反應。如果對方已進入角色，就隨時追問他，讓他打開心扉。說話時最好引述各種實例，給人以具體的形象，以刺激對方的發言欲望。

別人講話是處於動態，自己傾聽是處於靜態。以靜待動、以安待嘩，對方的氣勢莫不收斂，對方的實情莫不透露。以無形的技巧釣有聲的語言，如果對方所說與事實相符，那麼其人的真情畢至。如果一個人對此道熟諳深察，那麼他就掌握了打開人心的鑰匙。

美國著名金牌壽險推銷員喬·庫爾曼（Joe·Culmann），是第一位連任三屆美國百萬圓桌俱樂部主席的推銷員。他成功的祕訣之一就是擅長拋磚引玉性地提問。比如，客戶說：「你們這個產品的價格太貴了！」他會說：「為什麼這樣說呢？」「還有呢？」「然後呢？」「除此之外呢？」提問之後馬上閉嘴，然後讓客戶說。

一般情況下，客戶一開始說出的理由不是真正的理由，拋磚引玉性提問的好處在於你可以挖掘出更多的潛在資訊，更加全面地做出正確的判斷。在你說出「除此之外」的最後一個提問之後，客戶都會深思片刻，謹慎地思考之後，就會說出他為什麼要拒絕或同意的真正原因。

在商業談判中，對於對方的商業習慣或真實意圖不大了解時，透過巧妙地向對方提出大量問題，並引導對方做出正面回答，可以得到一些不易獲得的資料。關鍵在於，不陳述自己的觀點，讓對方多說，從而推測對方的意圖以及某些實際情況。

常常套人語言，難免會出現對方發現自己上當而不再應答的情況。這時，你就要以誠摯的語言感動他，作為對他袒露心跡的報答。如果對方的感情隨之而動，你就要加緊引導和控制。無論是智者還是愚者，高明的人以此誘導都能得到真情實事。

與一位剛剛認識或不知底細的人交談，避免冷場的最佳方法是不停地變換話題。你可以用提出一些問題的方法進行「試探」。一個話題談不下去時就換到另一個話題。你也可以接過話題，談談你最近讀過的一篇有趣的文章，或說說你剛剛看過的一部精彩的電影，也可以描述一件你正在做的事情或者正在思考的問題。如果談話出現了短暫停頓，不要著急，不必無話找話談，沉默片刻也無妨。

很多時候，一句恰到好處的提問就夠了，而許多難忘的談話也都是由一個問題開始的。

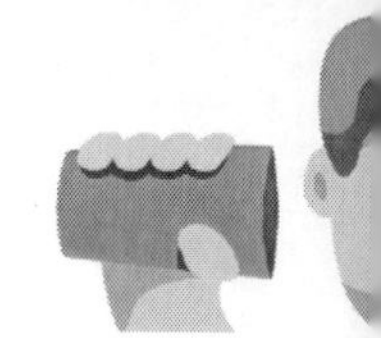

之所以運用種種技巧讓對方多說，是為了獲得更多資訊，讓自己掌握主動權。當大致了解了一個人之後，你就可以順著對方的心意，做到投其所好，真誠地讚美對方的長處，使對方心情愉悅，拉近雙方的距離，消除隔閡。當一個人很有興趣地談到他的專長或他所取得的成績或他的業務成果時，你適時地提出與之相關的要求，他拒絕你的可能性是最小的，你的要求得到滿足的可能性也是最大的。

溝通處方

善於溝通者，並不一定是口若懸河、滔滔不絕的人，常常是善於向對方提問、引導對方說出自己想法的人。

第四章 把話說到別人心坎上

與對方溝通，要是對方保持談話的欲望和熱度，最重要的是要把話說到對方的心坎上，這樣對方才會樂意與你繼續溝通。

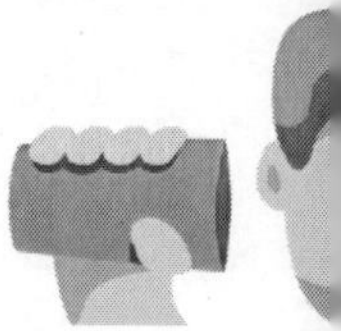

巧將正話反著說

春秋時期，齊景公很喜歡打獵，便讓人養了很多老鷹和獵犬。

一天，負責養老鷹的人，不小心讓老鷹跑了一隻。齊景公大怒，要下令斬殺這個人。這時，大臣晏子聞訊趕到。晏子看到齊景公正在氣頭上，怒不可遏，便請求齊景公允許自己在眾人面前盡數此人的罪狀，好讓他死個明白，以服眾人之心。齊景公答應了。

於是，晏子就當著齊景公的面，一邊指著那個人，一邊扳著手指大聲地斥責道：「你為大王養鳥，卻讓鳥飛了，這是你的第一條罪狀；你使大王為了幾隻鳥而殺人，這是你的第二條罪狀；殺了你，讓天下諸侯聽了這件事，責備大王重鳥輕人，這是你的第三條罪狀。以此三罪，你是死有餘辜。三條大罪，不殺不行！大王，我說完了，請殺死他吧！」

齊景公聽著聽著，聽出了其中的意思，轉怒為愧，停了半晌，才慢吞吞地說：「不要殺了，你的話我領會了，放了他吧。」

晏子說的是反話，表面上似乎斥責養鳥人的罪狀，實際上是在責備齊景公的「重鳥輕人」，毫無仁慈之心。這種反語的運用，既照顧了齊景公的面子，又把是非說得很清楚，從而使齊景公承認了自己的錯誤。

有些人非常不講道理。對於這種人，是不是就沒有辦法說服他們了呢？答案當然是否定的。只要能掌握分寸，摸清底細，思路再開闊一點，頭腦再靈活一點，說話時語氣再柔和一點，就一定能把這種人扳回頭。正話反說就是一種有效的辦法。

秦朝宮廷裡有個歌舞藝人名叫優旃。他滑稽、多謀，常用幽默諷刺的語言批評朝政。

秦始皇死後，胡亥繼位。胡亥一上臺便打算把整個咸陽的城牆油漆一新，這實在是一件勞民傷財的事。

有一天，優旃乘機問：「聽說皇上準備油漆城牆，有這件事嗎？」

「有。」胡亥說。

「好得很！」優旃說，「即使皇上不說，我也要請求這樣做了。漆城牆雖然辛苦了百姓而且要多繳稅捐，但城牆漆得油光光、滑溜溜的，敵人進攻時怎麼也爬不上來，多好啊！要把城牆漆一下不難，難的是找不到一間大房子讓漆過的城牆在陰涼處晾乾。」

優旃的一席反話，使胡亥打消了油漆城牆的念頭。

很多時候，若想能舉重若輕、易如反掌地達到自己想要達到的目的，尤其是要表達自己的憤懣、不平或勸誡時，不妨正話反說一下，往往能收到意想不到的效果。

正話反說，有時以亦莊亦諧的形式表達，顯得輕鬆活潑，悅耳動聽。

後唐莊宗李存勖沒做皇帝之前宵衣旰食，勵精圖治，做了皇帝之後便沉溺於聲色犬馬，縱情玩樂了。

一次，莊宗率大隊人馬到中牟縣射獵，踏倒了大片莊稼。當地縣令前來勸阻，一下子掃了莊宗的興致。莊宗下令殺死縣令。這時，莊宗跟前的戲子敬新磨站出來，指著縣官訓斥道：「你這糊塗的東西，虧你還當縣官！難道你不知道皇上愛打獵嗎？」莊宗見敬新磨向著自己說話，高興得直點頭。

敬新磨的斥責更帶勁了：「你這糊塗的東西，應該把這片田地空起來，讓皇上在這裡高高興興地打獵，你為什麼讓老百姓在這種莊稼呢？難道你怕老百姓餓肚子嗎？怕朝廷收不了稅嗎？皇上打獵事大，百姓餓肚子事小，國家收不上稅事小，難道這點道理也不懂嗎？」

莊宗聽罷如坐針氈，不是滋味，便命令部下把縣令放了。敬新磨巧責皇帝，智救縣令，說的全都是反話。他數落縣令那番話，有意把意思說反了，聽來義正辭嚴，品之別有滋味。

話語可以撥動人們的心弦。有時是正撥，有時是反撥，在一定的語言環境裡，反撥往往能表達出強烈的感情，甚至比正面的話顯得更有分量，還能表現出一種滑稽風趣的特色，產生「四兩撥千斤」的效果。

晉平公射鷃雀，沒有射死，叫小內侍襄去捕捉，沒有捉到。平公大怒，把襄關押起來，還揚言要殺了他。叔向聽了這事，連夜進宮去見平公。平公把這事告訴了他。叔向說：「大王你一定要把他殺掉。從前，我們的先君唐叔在樹林射獵兕牛，一箭就射死了，用牠的皮做成一副大鎧甲，因為才藝出眾被封為晉君。現在您繼承我們先君唐叔當國君，射隻小鷃雀還射不死，捕捉又沒捉到，這是在宣揚我們國君的恥辱啊！請您務必趕快殺了他，免得讓這件事傳到遠方去。」晉平公聽了很不好意思，於是命人立即把小內侍襄放了。

叔向正話反說，用晉的先祖唐叔勇射兕牛而封晉君的故事，巧妙地對比出晉平公射鷃雀不死還要殺人的無能，使平公悟出了話外之音，幡然悔過。

正話反說，在修辭學上叫做反語，就是人們通常說的反話。反話，使用和本意相反的語句來表達本意，用正面的話表達反面的意思，或用反面的話表達正面的意思。

漢朝丞相蕭何殺了韓信之後，又抓住了蒯通。劉邦要他承認勾結韓信謀反之事，蒯通將功折罪，歷數了韓信「十罪三愚」：

十罪是：一不該明修棧道，暗渡陳倉；二不該去殺章邯等三秦王，取了關中之地；三不該涉西河，虜魏王豹；四不該渡井陘，殺陳餘和趙王歇；五不該擒夏悅，斬張同；六不該襲破齊歷下軍，擊走田橫；七不該夜堰淮河，斬周蘭、龍且二大將；八不該廣武

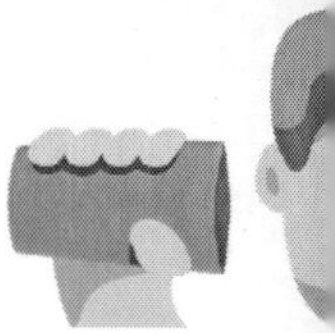

山小會戰；九不該九里小埋伏；十不該追項王於陰陵道上，逼他烏江自刎。

三愚是：韓信收燕趙、破三齊，擁精兵四十萬，那時不反，如今才反，這是第一愚；漢王駕出成皋，韓信在修武，統大將二百餘員，精兵八十萬，那時不反，如今才反，這是第二愚；韓信九裡山前大會戰，兵權百萬，那時不反，如今才反，這是第三愚。

蒯通以迂為直，明處說罪，暗裡擺功，道愚是虛，表忠是實，使用和本意相反的言辭來表白意思。

巧妙地運用反語，不僅可以救人，還可以諷諫，勸導別人，表達自己的正確主張。

溝通處方

很多時候，若想能舉重若輕、易如反掌地達到自己想要達到的目的，尤其是要表達自己的憤懣、不平或勸誡時，不妨正話反說一下，往往能收到意想不到的效果。

虛心向別人請教

某位對佛學有很深造詣的人去拜訪一位德高望重的老禪師。

老禪師的徒弟接待他時，他很是瞧不起，認為自己佛學造詣很深而傲氣十足。

後來，老禪師出來了，十分恭敬地接待了他，並親自為他沏茶。在倒水時，杯子已經滿了，可老禪師還是不停地往裡倒。

他十分疑惑地問：「大師，杯子已經滿了，為什麼還要往裡倒呢？

大師回答說：「是啊，既然已經滿了，為什麼還倒呢？」

原來，禪師的意思是：「既然你已經對佛學造詣很深了，為什麼還要來我這裡求教呢？」

這就是我們常說的「空杯心態」的起源，引申出來的意思是指好的心態是做事的前提。如果想學到更多的東西，就必須先把自己想像成「一個空著的杯子」，而不是目中無人、驕傲自滿。

進入陌生的工作環境，肯定會有很多不懂的事情，這個時候就要虛心請教，問問題前先多觀察身邊的現象，多動腦。在請教別人時，應當帶著謙虛的態度。因為你在詢問的同時也是在和同事溝通，增進情誼，這是與人交流的過程，而不是一個單純的獲取答案的過程。

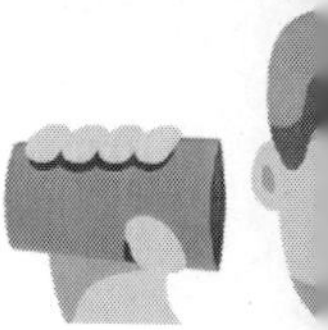

當上司取得成績的時候，他周圍有的是讚美聲和一張張笑臉。作為下屬的你如果也去這麼做，就不會引起上司的特別注意。因此，明智的做法是虛心請教，你可以恭恭敬敬地掏出筆記本和鉛筆，真心誠意地請他指出你應該如何努力，也可以談論上司值得驕傲的東西，向他取經。這樣做會引起他的好感，使他認為你是一個對他真心欽佩、虛心好學、很有發展前途的人。

對於初創企業來講，只有加強與同類企業的溝通，注意吸收他們在發展中的經驗和教訓，才能少走彎路。往往有些問題對於經歷過的企業來說非常簡單、非常明白，但對於初次遇到的企業可能就不知所措。只要抱著謙虛學習的態度，虛心請教，可能問題就會迎刃而解。多問一句、多學一點，可能比你整天冥思苦想省事、省力得多。

時刻保持一種虛心求教的態度，才能不斷地學習，不斷地進步。虛心請教的最大好處就是：透過學習別人的經驗和知識，可以大幅度地減少犯錯概率，縮短摸索時間，使我們更快地走向成功。

一位年輕人來到了小河邊，看到三個年老的長者在河邊垂釣。過了一會兒，一位老者起身，說：「我要到對岸去。」於是，老者蜻蜓點水般在水面上飛快地點了幾下，就過去了。年輕人很驚訝。過了一會兒，又有位老者也像第一位老者一樣過去了。年輕人看呆了。又過了片刻，第三位老者也起身從水面過去了。這下，年輕人認為自己也可以像他們一樣蜻蜓點水而過，誰知「撲騰」掉到了水裡。三位老者把年輕人救起，問他為什麼掉到水裡。年輕人把他的想法說了出來。三位老者哈哈大笑：「年輕人，我們在這條河上走了幾十年了，對河裡的每一塊石頭都非常熟悉，所以，我們可以很輕鬆地過河。你不熟悉，就一定會掉到水裡去的。」

別人成功和失敗的經驗是我們最好的老師。那些自以為是的人不肯虛心向人請教，結果只能處處碰壁，會像這個年輕人一樣掉進水裡。

每個人在生活和工作中都有自己的優點和長處，都有值得別人學習和借鑑的地方。年輕人要尊重老年人，虛心請教，遇事要徵求他們的意見；在和上司溝通中，要向上司虛心地請教，要有誠意地問自己的直屬上司，自己的弱點在哪裡，應該如何提高和改進等，從上司那裡得到一些指導，從而不斷地挑戰自己，快速地成長。

虛心向別人請教和學習，可以發現自己的不足之處，學到許多處理問題和思考問題的經驗、方法，是保持清醒頭腦、認清自己位置、獲得進步發展的良方。

在困難的時候，你曾經幫助過的人不一定來幫助你，而曾經幫助過你的人還會來幫助你。從心理學角度講，一個人在給別人一個小小的幫助後，一般地說，他願意做出更多的幫助，因為一個人在幫助了別人之後，常常感到對方是應該得到幫助的。

人總是喜歡證明自己正確，誰也不希望自己種的花開得不好或者開不出來，換句話說，人們不希望自己投資錯了，更不希望自己白白投資，這叫栽培引起的「期待效應」。讓某個人幫助你就是讓他「栽培」你，隨著期待效應的顯現，他就會越來越喜歡你。

向上司和老同事請教工作，獲得他們的幫助，展現了對他們的尊重。要知道，很多人都有「好為人師」的心理。他們在獲得心理滿足的同時，不僅不會小瞧你，反而會因為受到尊重增加對你的好感，拉近了彼此的心理距離，有助於建立良好的人際關係。

一個人的力量總是渺小的，以個人能力所能知道的極其有限，總有在某方面比自己強的人，總有自己不懂的事，要虛心向別人請教。不要讓虛榮心堵住了自己的嘴，否則也就堵住了開啟智慧的大門。

某位韓國有名的企業家。他在開始做生意時，幾乎什麼都不懂，開發了一件新產品，往往不知道該如何定價。於是，他就跑到零售商那裡去請教，因為他認為如何定恰當的價錢應該是常與消費者接觸的零售商最清楚。

在零售商那裡，企業家出示了新產品，問他們：「像這樣的東西可以賣多少錢？」他們都會坦誠地告訴他行情。照著零售商的話去做都沒錯，不必付學費，也不會傷腦筋，沒有比這個更划算的。當然，不是什麼事情都這樣簡單，可這是基本的原則。能虛心接受人家的意見，能虛心去請教他人，才能集思廣益。

如果我們能培養這種虛心精神，能虛心接受他人的意見，虛心向他人學習，離成功就不遠了。學會了在工作中虛懷若谷的精神，是會受益終身的。只有具備了這樣的態度，你才能認知到自己的不足，你才會虛心學習別人的經驗，為你的成功贏得籌碼。

溝通處方

時刻保持一種虛心求教的態度，才能不斷地學習，不斷地進步。虛心請教的最大好處就是，透過學習別人的經驗和知識，可以大幅度地減少犯錯概率，縮短摸索時間，使我們更快地走向成功。

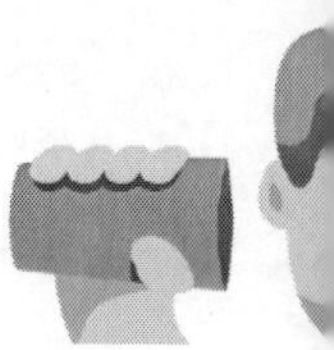

使用對方易懂的話

有一個秀才去集市上買柴，看見一個賣柴的人。他就衝著賣柴的人喊道：「荷薪者過來！」賣柴的人不明白「荷薪者」（擔柴的人）是什麼意思，但是聽得懂「過來」兩個字，於是就擔著柴來到秀才面前。

秀才接著說道：「其價如何？」賣柴的人很疑惑，不明白這句話的意思，但是知道「價」這個字的意思，於是就告訴了秀才價錢。

這時，秀才又說：「外實而內虛，煙多而焰少，請損之（你的木材外表是乾的，裡頭卻是溼的，燃燒起來，會濃煙多而火焰小，請減些價錢吧）。」

賣柴的人聽完後，擔著柴就走了，因為他完全不知道秀才在說些什麼。

在社交中，無論你的話多麼動聽、內容多麼重要，溝通最起碼的原則是對方能聽得懂你的話。如果對方聽不懂你的方言，你要盡量使用中文；對方不明白你講的術語或名詞時，你要轉換成對方熟悉的、理解的語言。如果不顧聽者的接受能力和語言習慣，用文縐縐、艱澀難懂的語言，往往既不親切又使對方難以接受，結果當然會事與願違。

在會議中，與會人員不可能都是一個知識層次。會議主持人不能不看對象，不管效果。主持人在講話中不要大談艱深難懂的東西，即使是專業性、學術性較強的會議，主持人也應用樸實無華、淺顯易懂的語言來表達深刻的內容，把深奧的道理淺顯化。通俗易懂的語言不但讓人聽得不吃力，還會給人一種親切樸實、平易近人的感覺，能縮短主持人和與會者的距離。

與人交談，一般來說應盡可能使用忠實本意且通俗易懂的話語。只有這樣，才能使對方感到親切。盡量避免和非專業人士溝通的時候使用專業術語，要用聽得懂、易理解的詞語和方式展開溝通。假如無法避免使用專業術語，則至少應以簡明易懂的慣用語加以解釋，盡量講土氣一點的話，講實話，講別人能夠理解的話。因為敘述的目的是讓對方相信自己所講的事實或接受己方的觀點，而不是借助於敘述炫耀自己的學問，賣弄自己的詞彙。

人與人之間，靠言語去交流，靠心靈去溝通。就人與人相互間溝通的形式而言，絕大部分要靠語言來進行。所以，一定要學會用語言交流和溝通。語言溝通就是把資訊準確而令人信服地傳達給對方，並爭取讓對方接受我們的想法。

古希臘寓言中說，舌頭這種東西的確像個怪物。它能用最美好的詞語來讚譽你，也可以用最惡毒的詞語來詛咒你；它能把螞蟻說成大象，也能把小丑說成國王。這就是說話的威力吧。平常我們看一個人是否有力量，這種力量能否表現出來，在很大程度上也取決於他說話的能力。

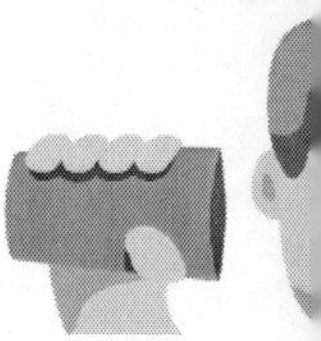

說話，幾乎是大家天天在做的事情，但善於說話，能清楚地表達自己的意圖，使別人樂於接受，卻是一件不太容易的事情。當對一個人說話時，你不是想給他傳達資訊，就是想改變他。但對方是否會接受你的意思，換句話說，你溝通的目的是否能夠實現，卻是另外一回事了。有人不重視這個問題，認為把自己的意思說清楚，溝通的任務就算完成了。其實，溝通是雙向的交流，它的成敗不取決於你說了什麼，而是取決於對方的反應。對方不接受你，那你說得再多也沒有任何意義。

我們與別人有效溝通，傾聽和講話是必不可少的方式。在交往中，大多數人喜歡表現自己，展示自己的口才，總以為自己說得越多，效果會越好。其實，多說話不一定是好事。一個人如果不聽人言，自說自話，那麼多半會惹人生厭。

既然喜歡說、不喜歡聽是人性弱點之一，那麼我們可以充分利用、掌握這一人性弱點，讓對方暢所欲言，而自己用心去聽。用心傾聽，是表示你對對方的關心與重視，這樣比較容易贏得對方的好感，因為人們總喜歡與尊重自己、平易近人的人往來。戴爾·卡內基曾經這樣說：「專心聽別人講話的態度是我們所能給予別人的最大讚美。你要得到別人的認可，就要讓別人表現得比你優越。同時，用心傾聽，不是只聽到對方的言辭，還要獲得那些話裡的真正意思，掌握對方的心理，知道他需要什麼，關心什麼，擔心什麼。只有了解對方的心，自己講話才會增加說服力。」

當你微笑時，整個世界都在笑，一臉苦相沒有人理睬你。在談話過程中，要對對方的講話做出積極的反應，表明自己對內容感興趣。比如，聆聽時，你應該看著對方的眼睛，保持適當的視線接觸。不要無故打斷對方的講話。有時候，用點頭、微笑或者肯定性的簡短回答，比如「是的」、「很好」等，來表示你的贊同。如果你毫無反應，也沒有答話，對方無法肯定你是否在聽。在對方講話時，不要有左顧右盼、亂寫亂畫、胡亂擺弄紙張或看手錶等心不在焉的表現方式。如果對方講話，而我們卻心不在焉，或者我們只聽到一半，就顯得不耐煩，那麼雙方之間的距離一下子就拉遠了。

談話過程中，要主動使自己的口頭語言、身體語言與對方保持一致，也就是對方習慣用什麼方式，你就用什麼方式配合。這樣會給對方一個你很認同他的暗示，使他得到尊重和滿足。比如，如果對方正襟危坐，不苟言笑，那你也最好規規矩矩，不要大大咧咧。他要是喜歡打手勢，你就用手勢去配合。這樣即使談話中一時難以取得一致的意見，但只要和對方配合默契，雙方都覺得願意繼續談下去。

勿輕易使用否定性的語言。所有的陳述都可以使用否定、失望的方式來表達，也都可以用肯定、充滿希望的方式來表達。但每個人都喜歡贏者，所以你應該使用積極、肯定的語言，給人一種重要、積極向上的感覺。即使是否定的內容，你也可以用肯定的方式，比如曾國藩曾在奏摺中將「屢戰屢敗」改為「屢敗屢戰」，給人的感覺就不一樣。但當你使用「我還不夠好」、「我想我做不到」等消極性、自貶性的語言時，會直接或間接地影響溝通效果。

要「但求同於理，勿求異於人」，即在談話的內容上，盡量與對方求同存異，盡力擴大共同點，增加共識。

在交談中或者交談之前，我們要盡量了解對方。了解對方越多，我們談話的信心就越強。在我們與人交談的時候，不要以討論不同的意見為開始，要以強調而且不斷強調雙方所同意的事情為開始。

對我們所提的問題，要盡可能地讓對方總是以「是的」等肯定的方式來回答。一旦對方總是說「是的，是的」，那麼他就會忘掉雙方間爭執的事情，而樂意去做你建議的事情。

徵求對方的看法和建議，這也是對對方的一種尊重，而對方也會感到很榮幸。在適當的時候，不要忘記真誠讚美對方幾句，這樣溝通的效果會更好，因為人人都喜歡讚美。

溝通處方

與人交談，一般來說應盡可能使用忠實本意且通俗易懂的語言。只有這樣，才能使對方感到親切。盡量避免在同非專業人士溝通的時候使用專業術語，要用溝通對象聽得懂、易理解的語言和方式展開溝通。

把話說到點子上

蕭何任丞相時，上林苑中有大片空地。他曾請求漢高祖劉邦讓出這大片空地給百姓耕種。劉邦一聽蕭何居然要縮減自己的園林，很生氣。要知道，上林苑可是專供皇帝遊玩嬉戲和打獵消遣的園林。

劉邦認為，蕭何肯定是接受了百姓和商人的錢財，才公然替他們說話辦事的。於是，劉邦下令將蕭何逮捕入獄，準備交由廷尉審查治罪。廷尉是專門為皇帝辦案子的。為了討好皇帝，只要皇帝認定某人有罪，廷尉官員就不惜動用大刑迫使犯人認罪。所以，如果真要把蕭何交給廷尉處理，那麼蕭何肯定會被屈打成招的。

就在這危急時刻，有位大臣挽救了蕭何。這位大臣上前對劉邦說：「陛下是否記得原來與項羽抗爭，以及後來陳稀、黥布相繼謀反，陛下親自帶兵東征的時候？那幾年，只有丞相一個駐守關中，關中百姓又非常擁戴丞相。假如丞相稍有利己之心，那麼關中

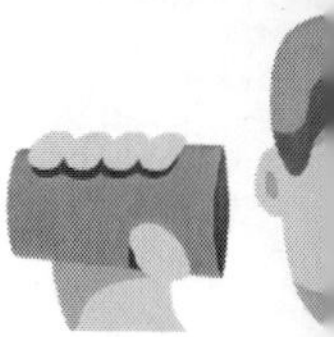

之地就不會是陛下的了。丞相不在那個時候去為自己謀大利，難道會在這個時候去貪占百姓與商人的一點小利嗎？」

大臣簡單的幾句話，說得有理有據，使得劉邦非常慚愧，也深受感動。劉邦意識到由於自己的魯莽，差點鑄成了大錯，於是立即下令赦免了蕭何，並讓其官復原職。

如果有人問我們是否會說話，可能所有人都會覺得貽笑大方。只要不是啞巴，我們兩三歲的時候就會說話了。不過，那時的我們只是具備了說話的能力。如何把話說得更好、更到位，絕非我們想像中那般簡單。

有個人因為有喜事，在家裡請客。時間到了，四位客人到了三位。焦急等待之時，主人忍不住說道：「該來的怎麼還沒來？」

座中一個客人聽了，心中十分不快：「這麼說來，我就是不該來的了？」說著，他站起身就走了。

主人心中暗自叫苦，順口說道：「不該走的又走了。」

另一個客人聽了，滿面慍色道：「難道我就是那個該走又賴著不走的？」說完也含怒而去。

一時間，座中只剩下一個客人。主人趕忙安慰他道：「他們兩位都誤會我了，其實我不是說他們的。」話音還沒落，最後一個客人也拂袖而去。

一句話說得讓人跳，一句話說得讓人笑。同樣的目的，表達方式不同，結果就會大不一樣。

縱觀古今中外的風雲人物，無不具有良好的口才。良好的口才讓他們在各自的領域裡揮灑自如，如沐春風。可見，良好的口才能讓我們充分地拓展自己的學識才華，使個人的魅力熠熠生輝，取得事半功倍之效。

當然，並非每個人都能口吐蓮花。我們也沒必要個個都像相聲演員那樣滔滔不絕，但至少我們要把話說到點子上。

> 小陳和小劉是某公司的兩個專職司機。前不久，公司精簡人員，兩人之中必有一人被資遣。於是，公司辦了一個競爭演講會，讓兩個人分別談自己對將來工作的想法。
>
> 小陳第一個上場，開始自己的演講。他說如果自己將來能開車，一定會把車收拾得非常乾淨利索，遵守交通規則，而且保證主管們的安全，同時要做到省油，不給公司增加負擔等等。小陳滔滔不絕地講了半個多小時，終於講完了。
>
> 輪到小劉上場了，他只講了不到三分鐘，就下來了。他說他過去遵守了三條原則，現在他仍遵守三條原則。如果能繼續為公司開車，他還會遵守三條原則。這三條原則是：聽得，說不得；吃得，喝不得；開得，使不得。
>
> 各位主管一聽，「好！這個司機說得好！」

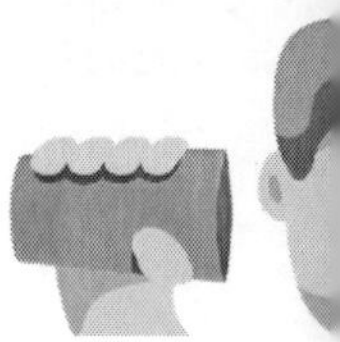

小劉說得好在什麼地方呢？首先，聽得，說不得，意思是說主管坐在車上研究一些工作，往往在沒公布之前都是保密的。我只能聽，不能說，不能洩密。第二，吃得，喝不得。因為工作原因，我經常要陪主管到這裡開個會，到那裡參加個典禮，難免有這樣那樣的飯局。這時候，我該吃就吃，但絕對不喝酒，這叫保護主管的生命安全。第三，開得，使不得。你別看我是開車的，但是只要主管不用的時候，我也決不為了一己私利而開車，公私分明，不給主管臉上摸黑。

這樣的司機，哪個主管不喜歡？於是，小劉留了下來。

無論在職場還是在商場，每一個環節都離不開一張巧嘴。尤其是在商場上，我們每進行一場交易，都少不了一番「舌戰」。而那些勝出者，無不是口才出眾、巧於言辭，能把話說到點子上的人。

一天中午，一位衣著華貴的太太走進了一家時裝店。她看上了一套時裝，試了試非常合身，但看看標價，又猶豫了一下，把衣服放了下來。顯然，她覺得價格太貴，有些猶豫。

這時，站在一旁的服務員輕描淡寫地說了一句話：「剛才某某部長夫人也看上了這套時裝，和您一樣也覺得這件時裝有點貴，剛離開沒一會兒。」

話音剛落，那位太太當即買下了這套時裝。

這位服務員能讓那位太太下定決心買下時裝，可謂用心良苦。她巧妙地抓住這位太太「自己所見與部長夫人略同」和「部長夫人嫌貴沒買，而自己要比部長夫人更強」的攀比心理，用激將的方法達到了自己的目的。

話不在多，而在於能否說到點子上。在關鍵時刻，簡簡單單的一句話，只要能說到點子上，就往往能產生四兩撥千斤的奇效。

無論是從政還是經商，練就一副鐵齒銅牙將使我們如魚得水、如虎添翼。掌握說話的藝術和技巧，把話說到點子上，我們才能在人生舞臺上儘快地脫穎而出、展現自我。

溝通處方

無論在職場還是在商場，每一個環節都離不開一張巧嘴。尤其是在商場上，我們每進行一場交易，都少不了一番「舌戰」。而那些勝出者，無不是口才出眾、巧手言辭，能把話說到點子上的人。

惡語相加不如好言相勸

在小洛克菲勒（John Davison Rockefeller, Jr.）還是科羅拉多州一個不起眼人物的時候，美國發生了歷史上最激烈的罷工，並且持續達兩年之久。憤怒的礦工要求科羅拉多燃料鋼鐵公司提高薪水，小洛克菲勒正負責管理這家公司。

由於群情激奮，公司的財產遭受破壞，軍隊前來鎮壓，因而造成流血，不少罷工工人被射殺。那樣的情況，可說是民怨沸騰。

小洛克菲勒後來卻贏得了罷工者的信服。他是怎麼做的呢？小洛克菲勒花了好幾個星期結交朋友，並向罷工者發表演說。

小洛克菲勒在演說中說：「這是我一生當中最值得紀念的日子，因為這是我第一次有幸能和這家大公司的員工代表見面，還有公司行政人員和管理人員。我可以告訴你們，我很高興站在這裡，有生之年都不會忘記這次聚會。假如這次聚會提早兩個星期舉行，那麼對你們來說，我只是個陌生人，也只認得少數幾張面孔。由於兩個星期以來，我有機會拜訪整個南區礦場的營地，私下和大部分代表交談過。我拜訪過你們的家庭，與你們的家人見面，因此現在我們不算是陌生人，可以說是朋友了。基於這份互助的友誼，我很高興有這個機會和大家討論我們的共同利益。由於這個會議是由資方和勞工代表所組成，承蒙你們的好意，我得以坐在這裡。雖然我並非股東或勞工，但我深覺與你們關係密切。從某種意義上說，我也代表了資方和勞工。」

透過那次演說，小洛克菲勒不但平息了眾怒，還為自己贏得了不少讚賞。

如果小洛克菲勒不採用演說的方法，而採用另一種方法，與礦工們爭得面紅耳赤，用不堪入耳的話罵他們，或用話暗示錯在他們，用各種理由證明礦工的不是，那麼只會招惹更多的怨憤和暴行。

商界人士都知道，對罷工者表示出一種友善的態度是必要的。

懷特汽車公司的某一個工廠有兩三百名員工，他們因要求加薪而舉行罷工。當時，公司的總裁沒有採取動怒、責難、恐嚇或發表霸道談話的做法，而是在報刊上刊登了一則廣告，稱讚那些罷工者「用和平的方法放下工具」。由於發現罷工監察無事可做，總裁便買了許多球棒和手套，讓他們在空地上打棒球。有些人喜歡保齡球，他便租下了一個保齡球場。

總裁富有人情味的舉動，得到的當然是富有人情味的反應。那些罷工者找來了掃把和垃圾推車，開始把工作場所附近的紙屑、菸頭、火柴等垃圾掃除乾淨。你很難想像，一群罷工工人在爭取加薪、承認聯合公司成立的時候，同時清除工作場所附近的地面。這在美國罷工史上是絕無僅有的。這次罷工終於在一星期內結束，勞資雙方獲得和解，並

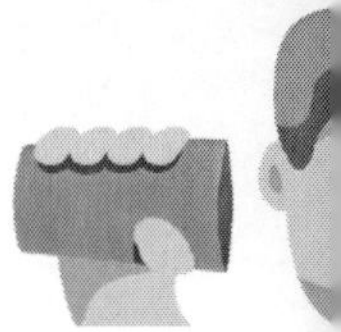

沒有產生任何不快或遺憾。

某位知名律師被許多人奉若如神。雖然他的聲譽如日中天，但他那極具權威的辯論始終充滿了溫和的字眼，他在辯論中經常出現這些話語：「這有待陪審團的考慮」、「這也許值得再深思」、「這裡有些事實，相信您沒有疏忽掉」、「這一點，由您對人生的了解，相信很容易看出這件事的重大意義」。在這裡，沒有恫嚇，沒有高壓手段，沒有強迫說明的企圖。

律師用的都是最溫和、平靜、友善的言辭，但仍不失其權威性，這正是他成功的最大助力。

惡言惡語是說話，好言相勸也是說話，但兩者產生的效果卻截然不同。能說會說的人絕對不會採取前者去處理事情，那樣反而會使事情更糟。在掌握說話的藝術、做好溝通的前提下，處理起事情來就輕鬆多了。

一頭熊在與同伴的搏鬥中受了重傷，來到一位守林人的小木屋外乞求援助。

守林人看牠可憐，便決定收留牠。晚上，守林人耐心地、小心翼翼地為熊擦去血跡、包紮好傷口，並準備了豐盛的晚餐供熊享用，這一切令熊無比感動。

臨睡時，由於只有一張床，守林人便邀請熊與他共眠。就在熊進入被窩時，牠身上那難聞的氣味鑽進了守林人的鼻孔。

「天哪！我從來沒聞過這麼難聞的味道。你簡直是天底下第一大臭蟲！」守林人大嚷道。

熊沒有說什麼，當然也無法入眠，勉強挨到天亮後向守林人致謝上路。

多年後，熊與守林人再次相遇時。

守林人問熊：「你那次傷得好重，現在傷口癒合了嗎？」

熊回答道：「皮肉上的傷痛，我已經忘記。心靈上的傷口卻永遠難以痊癒！」

我們有時也許激怒了他人，或者被人激怒。當你被人激怒，並且說了一大堆氣話之後，你確實可以消除自己的憤怒情緒，讓自己得到一些輕鬆，但是他人對你印象惡劣，你就是用盡所有辦法也很難使他人信服你。

想想那些好責備的雙親、嘮叨不休的妻子、專橫跋扈的上司。我們都應該認知到一點：人的思想不易改變。你不能強迫他們同意你的觀點，但你完全有可能引導他們，只要你溫和友善。

溝通處方

惡言惡語是說話，好言相勸也是說話，但兩者產生的效果截然不同。能說會說的人絕對不會採取前者去處理事情，那樣反而會使事情更糟。

第五章 面對尷尬，妙用幽默化解

在與人溝通時，難免會遇到尷尬的時候。出現尷尬的局面，講個笑話，開個玩笑，可以使氣氛活躍起來。

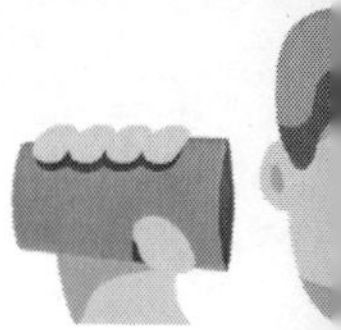

幽默為溝通加點作料

漢武帝晚年十分希望自己能長生不老。一天，他與一個侍臣閒聊：「面相書上說，一個人鼻子下面的『人中』越長，壽命就越長；『人中』長一寸，能活一百歲。不知是真是假？」

東方朔聽了這話，知道漢武帝又在做長生不老之夢，臉上露出一絲譏諷的笑意。漢武帝見東方朔似有譏諷之意，喝道：「你居然敢笑話我！」

東方朔畢恭畢敬地回答：「我怎麼敢笑話皇上呢？我是在笑彭祖的臉太難看了。」

漢武帝問：「你為什麼笑彭祖呢？」

東方朔說：「據說彭祖活了八百歲，如果真像皇上所說，『人中』長一寸就活一百歲，彭祖的『人中』就該有八寸長了，那麼，他的臉豈不是太難看了嗎？」

漢武帝聽了，不禁哈哈大笑起來。

東方朔以幽默的語言，用笑彭祖的辦法來勸漢武帝。整個批駁機智含蓄，風趣詼諧，令怒不可遏的漢武帝轉怒為喜，並且愉快地認輸。

如果說生活中離不開鹽的話，那麼溝通中也就離不開幽默。有了它，單調乏味的溝通有時也會變得趣味橫生，具有神奇的魅力。

生活中沒有一個人不喜歡風趣幽默的語言。相聲之所以受到許多人，在於它的表現形式離不開幽默。那幽默的語言強烈地感染觀眾的心，幽默的話能抓住聽者的心，使對方平心靜氣，也可以使一些深刻的思想表達得更加生動和形象。

某位作家曾說：「生活中沒有哲學還可以應付過去，但是沒有幽默則只剩下愚蠢的人才能生存。」幽默是我們精神生活中不可缺少的重要元素。幽默可以使人有一個愉快的心情，可以活躍溝通的氛圍，使我們溝通得更加順暢。如果生活中沒有幽默，那麼就沒有良好的溝通，如果沒有和諧的溝通，那麼這個社會將很難想像，到處將充滿爭吵，矛盾將不可調和。

幽默的語言就如潤滑劑，可以有效地降低我們在溝通中產生的摩擦，從而化解衝突和矛盾，從容地消除溝通中的不利因素，使我們的人際關係變得和諧。

一個幽默的人能使枯燥的會議變得妙趣橫生，能使沉悶的聚會變得輕鬆愉快，能使上司嚴肅的面孔鬆弛下來，能使拘謹的下屬緩和緊張的心情，能使陷入僵局的談判很快達到共識。有時適當地開個玩笑，會使生活更加色彩斑斕。幽默是生活中一道快樂的風景線，會讓我們在人際交往中更輕鬆愉快。

生活中離不開幽默，幽默使人輕鬆愉快，增添生活情趣。幽默不僅可以給人們增添無限快樂，還可以幫自己走出尷尬的境地，使氣氛更加融洽和諧。

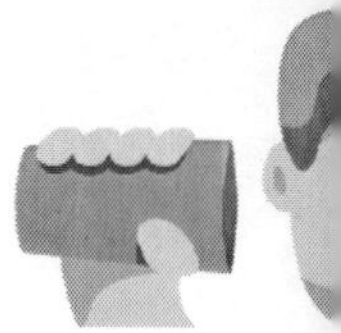

第二次世界大戰時期，英國為了請求美國共同抗擊德國並給予經濟援助，英國首相邱吉爾便到華盛頓會見美國總統羅斯福，羅斯福熱情地接待了他，並安排他住在白宮。

在會見期間的一個早晨，邱吉爾剛洗完澡，赤身裸體地想去穿衣服，卻意外地碰見了羅斯福。這時，雙方都很尷尬，然而邱吉爾卻以一句風趣而又語帶雙關的話，不僅解除了尷尬，而且還順利獲得了美國的軍事援助。邱吉爾說：「總統先生，大不列顛的首相在您面前是沒有什麼需要隱瞞的。」

在這樣一個令人尷尬的場合，邱吉爾恰當的幽默使氣氛頓時變得輕鬆起來，不僅維護了彼此的面子，還拉近了雙方的距離。幽默是睿智的表現，它是一個人個性、風度、記憶、思想、素養的展現。如果讓幽默走進我們生活的各處，也能收到意想不到的效果。

在人際交往中，機智風趣、談吐幽默的人往往會擁有更多的朋友，我們誰都不願動輒與人爭吵或者與鬱鬱寡歡、言語乏味的人交往。幽默可以將煩惱變為歡暢，使痛苦變成愉快，將尷尬轉為融洽，並牢牢地吸引住對方。

在日常的生活中，溝通的雙方難免會鬧點小摩擦，吵幾句嘴，發生一點小誤會。如果我們斤斤計較，因為一點小事就不歡而散，不僅解決不了問題，還會擴大矛盾，增加隔閡，傷害感情。假如能運用一點幽默，結果就會大相徑庭。幽默能消除陌生人之間下意識的敵意，拉近彼此的心理距離。幽默能化解尷尬、熄滅一觸即發的怒火，使關係和諧。無論是誰都願意和一個有幽默感的人相處，而不願和一個整天板著臉毫無趣味的人相處。

幽默使人與人之間的交往融洽，讓尷尬中神經緊繃的人瞬間輕鬆，讓即將發怒的人一笑釋懷。幽默縮短了人與人之間的心理距離。

獲取幽默語言的途徑很多。首先用「趣味思維方式」捕捉生活中的喜劇因素。「趣味思維」是一種「錯位思維」，不按照普通人的思路想，而是「岔」到有趣的一面去。其次要在瞬息構思上下工夫，掌握必要技巧。幽默風趣是一種「快語藝術」，它突破慣性思維，遵循反常原則，想得快，說得快，觸景即發，涉事成趣，出人意料之外，又在情理之中。

如有位將軍問一位士兵「馬克思是哪國人？」士兵想了一會兒說：「法國人。」將軍說：「哦，馬克思搬家了。」對於這常識性問題都答不出來，將軍當然不快，但這一「岔」，構成了幽默，其實也包含了對戰士的批評教育。

再次要注意靈活運用修辭手法。極度的誇張、反常的妙喻、順手拈來的借代、含蓄的反語，以及對比、擬人、對偶等修辭方法都能構成幽默。

最後要注意搜集素材。我們的生活豐富多彩，提供了許多有趣的素材，這些素材無意識地進入我們記憶倉庫的也很多。如果我們做個「有心人」，就會使自己的語言材料豐富起來。

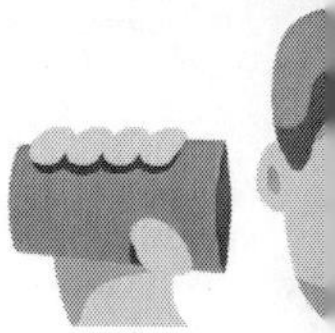

溝通處方

如果說生活中離不開鹽的話，那麼溝通中也就離不開幽默。有了它，單調乏味的溝通有時也會變得趣味橫生，具有神奇的魅力。

幽默可以後天培養獲得

俄國著名寓言作家克雷洛夫（Ivan Andreyevich Krylov）一生生活窮困。

有一次，他租了一間房子，房東要他在房契上寫明，一旦失火，燒了房子，他就要賠償一萬五千盧布。克雷洛夫看了租約，不動聲色地在一萬五千後面加了一個零。

房東高興壞了：「什麼，十五萬盧布？」

「是啊！反正一樣是賠不起。」克雷洛夫滿不在乎地說。

幽默有時讓人感到神祕。有人想學，卻無法學會；有人沒怎麼學，卻脫口而出。那麼，幽默是不是與生俱來、天賦而生的呢？經過研究發現，幽默是人的獨特性情氣質，和遊戲一樣，是人的本能。在對一些具有幽默感的人進行研究之後發現，幽默確有某種遺傳基因存在。雖然有遺傳的因素存在，但幽默感並不神祕。它主要還是在後天的社會實踐中培養和訓練而成的。

幽默可以後天培養獲得

幽默是形象思維，因此聯想和想像是不能沒有的。不但要研究幽默名家的作品和來自社會的幽默小品，還要廣泛地了解各種藝術形式，增強自己的藝術敏感，訓練自己由此及彼、由表及裡地在各個意象間建構想像的能力。

當然，法無定規，幽默沒有現成的模式可以遵循。我們面對的是瞬息萬變的人群，所以幽默也只能因人因事而異，才能達到效果。

幽默感的內在構成，是悲傷感受和樂觀感受。悲傷感受，是幽默者的現實感，就是對不協調的現實的正視。樂觀感受，是幽默者對現實的超越感，是一種樂天感。悲傷感受，讓幽默者可以勇於面對現實，正視人生的弱點。樂觀感受讓幽默者在別人或者我們以前的弱點面前產生「突然的榮耀感」，給幽默者以信心和勇氣，在困境中揚起勝利的風帆。

由痛苦到快樂，一定要具備某種超越精神。只有超越了現實，才能俯視現實，對待困難採取樂觀的態度。只有如此，才能在溝通中巧妙運用幽默法則。

在社會生活中，人們有可能會遭遇到不公正的待遇。一般來說，這種情形是暫時的，一旦真相大白，含冤者就會重獲清白。如果我們學會幽默，就會在所謂的委屈之外發現令人無比快樂的東西。

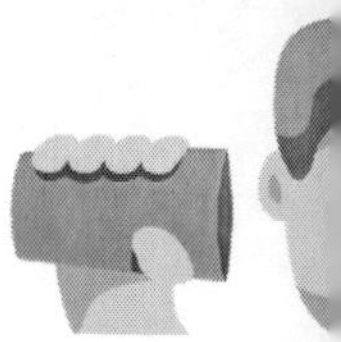

義大利著名作曲家羅西尼（Gioachino Rossini）聽人說，他的一批有錢的愛慕者準備去法國為他建一座雕像。感動之餘，他問道：「他們準備花多少錢？」「聽說一千萬法郎吧。」羅西尼大為吃驚，「如果他們肯給我五百法郎，我願意親自站在雕像的底座上！」試想想，如果羅西尼沒有這樣謙恭，而是對用一千萬法郎雕像欣喜若狂，也決不會有這般的幽默感。

沒有幽默感的人不會積極地看待這個世界，不會樂觀地看待自己的生活。當然樂觀不是盲目的，而是有所依附，是一種透澈之後的豁達。樂觀地看待你的生活，幽默便會自然而生。

生活中大多數人都喜歡幽默的人，喜歡幽默的話。那些機智的妙語中蘊含著人生的大智慧，能讓人開懷一笑。每個人都希望自己成為一個幽默的人，能以詼諧幽默的語言給他人帶去快樂，也給自己帶來榮耀。但是很多人卻哀嘆自己沒有幽默細胞，學習他人似乎也學不來，於是就認定幽默乃天生注定，是人的天賦。

其實，只要平時注意觀察、模仿、學習，幽默感還是可以培養的，只要我們用心學就會發生改變。培養幽默感，可以從以下幾個方面著手。

■ **正視幽默**：幽默給我們帶來快樂，讓我們化解尷尬，增進人們之間的關係。幽默不是油腔滑調，也非嘲笑或諷刺。浮躁的人難以掌握幽默，裝腔作勢的人難以掌握幽默，鑽牛角尖的人難以掌握幽默，捉襟見肘的人難以掌握幽默，遲鈍笨拙的人難以掌握幽默，所以，要培養幽默感首先要培養良好的個性。只有從容、平等待人，超脫瀟灑，遊刃有餘，聰明透澈才能學會幽默處世。

- **陶冶情操，學會樂觀、寬容**：只有擁有樂觀精神的人才會運用幽默。我們要善於體諒他人，擁有一顆寬容之心，凡事不斤斤計較，如此，才能培養出幽默細胞。
- 樂觀、寬容的態度是幽默的精髓之所在。學會幽默就要以樂觀、寬容的態度對待他人。樂觀的心態會傳遞，寬容讓我們的生活更加和諧。如果溝通中多一點樂趣，多一些笑容，也就會少一點摩擦。
- **不斷積累知識**：擁有淵博的知識，才能急中生智，以幽默的話語應對自己一時的失語。如若是知識貧乏之人，也許就不能脫口而出機智的話，擺脫尷尬的境地。一個人擁有豐富的知識，才能有審時度勢的前提，談話的內容才會豐富，妙語連珠，並且做出恰當的比喻。我們要培養幽默感就必須廣泛涉獵，充實自我。日常生活中要不斷積累，多讀、多看、多聽、多學，在自己所處的環境中多練習使用幽默的語言，養成善用幽默語言的習慣。

溝通處方

每個人都希望自己成為一個幽默的人，能以詼諧幽默的言語給他人帶去快樂，也給自己帶來榮耀。只要平時注意觀察、模仿、學習，幽默感還是可以培養的，只要我們用心學就會發生改變。

巧用幽默的技巧

據說，李鴻章有一個遠房親戚，胸無點墨卻熱衷科舉，一心想借李鴻章的關係撈個一官半職。

他在考場上打開試卷，竟無法下筆。眼看要交卷了，他便「靈機一動」，在試卷上寫下「我乃李鴻章中堂大人的親妻（戚）」，指望能獲主考官錄取。

主考官批閱這份考卷時，發現他竟將「戚」錯寫成「妻」，不禁拈鬚微笑，提筆在卷上批道：「所以我不敢娶（取）你。」

「娶」與「取」同音，主考官針對他的錯字，來了個雙關的「錯批」，既有很強的諷刺意味，又極富情趣。

一語雙關可謂是幽默最厲害的招式之一，但它又不只是「幽默」而已，同時還隱含了「智慧」成分。「一語雙關」恰如其分，活脫脫地表達出對人及事的看法，除了使人們「不禁莞爾」或「哈哈大笑」以外，更是「機智人生」的呈現。

所謂雙關，也就是你說出的話包含了兩層含義：一個是這句話本身的含義，另一個是引申的含義，幽默就從這裡產生出來。也可說是言在此而意在彼，讓聽者不只從字面上去理解，還能領會言外之意。

一隻猴子死了去見閻王，要求下輩子做人。閻王說，你既要做人，就得把全身的毛拔掉。說完就叫小鬼來拔毛。誰知只拔了一根毛，這猴子就哇哇叫痛。閻王笑著說：「你一毛不拔，怎麼做人？」

這則寓言表面上是在講猴子的故事，卻很幽默地表達了「一毛不拔，不配做人」的道理，雖然諷刺性很強，卻也委婉、含蓄。

誰不喜歡富有幽默感的人呢？每個人的內心都喜歡陽光與歡樂。一個富有幽默感的人，能使他人在與之相處時享受到輕鬆愉快的氣氛，從而增添與之相處的樂趣。懂得幽默的人，往往三言兩語就能使人忍俊不禁。

比較常見的幽默技巧主要有以下幾種。

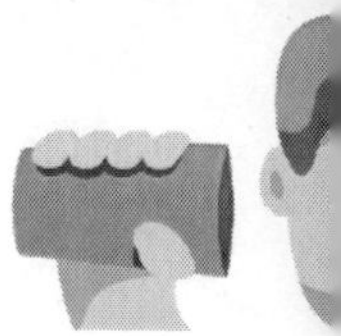

■ **曲解法**：所謂曲解，就是從另外一個角度解釋，在對話中故意歪曲對方話語的本意，或故意裝聾聽不清而回答，將兩個表面上毫不沾邊的東西連繫起來，造成一種不和諧、不合情理、出人意料的效果，從而產生幽默感。它常常利用語詞的多義、同形、諧音、同音等條件來構成。

■ **藉口推脫法**：先答應對方的要求，然後又尋找藉口加以推脫。

■ **附加條件法**：附加條件就是先順承對方的意思，然後再加上一個條件，而這個條件往往是不能做到的。

■ **巧妙解釋法**：即對原意加以巧妙的解釋而造成幽默效果。說話時，故意不把要表述的觀點直接表述出來，而是隱蔽地蘊含在另一個似乎無關的觀點中，讓談話對方經過思考，頓悟你所要真正表達的意思，它往往能夠給人留下無窮的回味。

■ **自嘲法**：在公共場合，難免會出現尷尬的場面，這時我們就應該學會自嘲，化解尷尬的局面。

■ **誇張法**：要想幽默，最常用的手法就是誇張。某位相聲演員說過：「好傢伙，那月餅硬得一摔馬路可以砸出大坑！」這就是誇張，它帶給我們的是回味無窮的幽默。誇張手法的運用往往能夠恰到好處地放大幽默的細節，達到很好的效果。

- **以其人之道，還治其人之身**：以其人之道，還治其人之身也是一種幽默的手法。它可以化解人們之間的矛盾，讓別人認知到自己的錯誤之處，從而化解雙方的矛盾，使氣氛緩和。
- **補充說明法**：先肯定對方的說法或順承對方的意思加以回答，然後再補充說明，使之符合邏輯。

溝通處方

一個富有幽默感的人，能使他人在與之相處時享受到輕鬆愉快的氣氛，從而增添與之相處的樂趣。獲得幽默的人，往往三言兩語就能使人忍俊不禁。

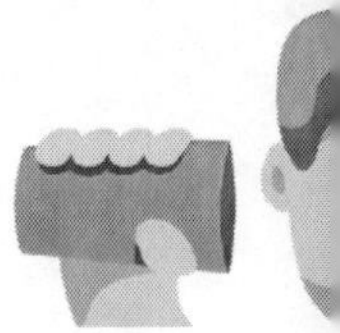

自嘲化解尷尬

愛因斯坦是位著名的科學家，但他從不注重自己的著裝。

他第一次來到紐約時，在大街上遇到了當年的一位老朋友。

這位朋友見愛因斯坦衣服破舊，便說：「你看你的大衣，又破又舊，換件新的吧，怎麼說你也是知名人物呀！」

愛因斯坦笑了笑：「沒關係，沒關係。我剛來到紐約，這裡沒有人認識我。」

幾年後，愛因斯坦和他的相對論都已聲名遠播。巧的是，愛因斯坦又和他的那位朋友在街上相遇了。更巧的是，愛因斯坦還是穿著那件「又髒又破」的大衣。

這一次，愛因斯坦不等朋友開口，便自嘲道：「這次更不用買新大衣了，全紐約的人都已經認識我了。」

某位美國社會學家曾說：「在別人嘲笑你之前，你應先嘲笑自己。」如果你嘲笑的是自己，試問有誰會大力反對？你把「自己」當作嘲笑的物件，不但可以消除緊張、焦慮的情緒，更可以提升自我的修養。

著名國畫大師張大千一次在宴席上向京劇表演藝術家梅蘭芳敬酒時說：「梅先生，你是君子——動口，我是小人——動手。」在這裡，張大千根據自己和梅蘭芳先生的工作特點，自嘲地將自己喻為「小人」，頓時活躍了宴會氣氛。

自嘲化解尷尬

一個人要承認自己的「缺點」實在不是一件容易的事。要知道，人總有不完美的地方，坦白承認自己的缺點，就能把「缺點」化為個人獨有的特點。

傑斯塔東是個大胖子，由於「體積」過大，行動往往不太方便。但是，他也和朋友羅慕洛不以矮為恥一樣，並不以胖為恥。有一次，他對朋友說：「我是個比別人親切三倍的男人。每當我在公共汽車上讓座時，便足以讓三位女士坐下。」

當處於非常窘迫的境地時，機智地進行自我貶抑而產生的幽默，是擺脫窘境的好方法，也是展示人格魅力的法寶。同時也能給對方一種輕鬆感，使溝通氣氛變得更加和諧，更有利於溝通活動的順利進行。

在一些社交場合，運用自嘲可以放鬆自己的情緒，為你社交的成功增添許多風采。當然，自嘲要避免採取玩世不恭的態度。具有積極因素的自嘲包含著自嘲者強烈的自尊、自愛。自嘲實質上是當事人採取的一種貌似消極，實為積極的促使交談向好的方向轉化的方法。

幽默的一條重要原則就是寧可取笑自己，絕不輕易取笑別人。某位名人曾經說過：「笑的金科玉律是，不論你想笑別人怎樣，先笑自己。」自嘲，也是自知、自娛和自信的表現，本身也是一種幽默。這種自嘲式的幽默往往更能化解糾紛，使得緊張的氛圍趨於

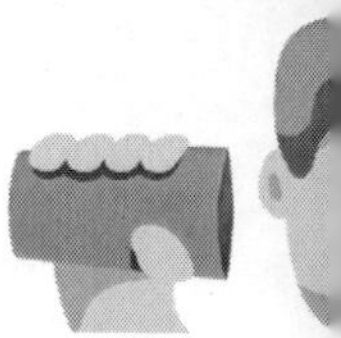

輕鬆。而把自己的缺點暴露出來，調侃一番，不僅不會將自己的缺點放大，還會拉近彼此的距離，給自己的魅力加分。

在人際交往中，我們經常會遇到一些意想不到的事情，或是自己失言失態，或是對方對自己的言行有看法，或是周圍的環境出現了我們沒有考慮到的因素。總之，這些猝不及防的情境往往會令我們狼狽不堪。這個時候，最有效的解決方法，就是用幽默來擺脫尷尬。

在我們遇到尷尬的溝通逆境時，如果能適當地使用自嘲的方式創造幽默感，不僅能有效地擺脫自己的尷尬處境，也能給對方一種輕鬆感，從而使溝通氣氛變得和諧，更有利於溝通活動的順利進行。在日常生活中，誰都有缺點失誤，難免會遭遇尷尬，人們往往都喜歡遮遮掩掩。其實，這樣反倒會引起更加惡劣的效果，還不如來點自我解嘲，使得即將發生的糾紛趨於平靜。

某位一九二〇至一九八〇年代美國著名的影星，在這期間，她一直活躍在銀幕上。她的形象在大家心目中一直是完美的。但她在晚年的時候卻日漸發胖。朋友多次邀請她一起去海濱浴場遊玩，她都以各種理由推辭了。

一次，一位記者向女星提出這樣的問題：「女士，您是不是因為自己太胖，怕丟醜才不去海濱游泳的？」

沒想到她卻爽快地答道：「是的。我怕我們的空軍駕駛員在天上看見我，以為他們又發現了一個新古巴。」

所有在場的人聽到後都發出了陣陣笑聲，大家不自覺地鼓起掌來。

女星用自嘲的口吻、誇張的比喻化解了自己的尷尬，既沒有被記者牽著鼻子走，又很好地活躍了招待會的氣氛，同時還給大家留下了一個良好的印象，顯示出自己豁達的心胸和人格魅力。

當你在與人交談而陷入尷尬的境地時，自嘲可以使你從尷尬的境地脫身出來。自嘲不僅是豁達的表現，還是自信的表現。因為，只有足夠自信的人才敢拿自身的失誤做文章，繼而把它放大、誇張，最後又巧妙地引申發揮、自圓其說，博得眾人一笑。

溝通處方

在日常生活中，誰都有缺點失誤，難免會遭遇尷尬，人們往往都喜歡遮遮掩掩。其實，這樣反倒會引起更加惡劣的效果，還不如來點自我解嘲，使得即將發生的糾紛趨於平靜。

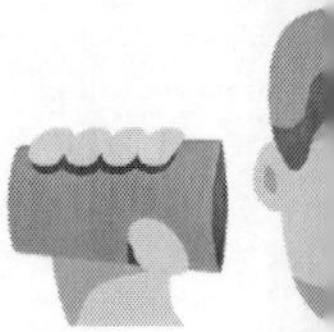

委婉表達令人樂於接受

義大利音樂家帕格尼尼（Niccolò Paganini）急匆匆地在街上奔跑。他要趕到一家大劇院演出，但是車子在路上壞了。他急急忙忙攔下一輛馬車，一邊催車夫快點，一邊向車夫問價。

馬車夫一看上車的是大名鼎鼎的音樂家，便說道：「先生，您要付我十法郎。」

帕格尼尼吃驚地問道：「你這是開玩笑吧？」

「當然不是，每人花十法郎買一張票去聽你用一根琴弦拉琴。我這個價格不算多。」

「那好吧，我付你十法郎，不過你得用一個輪子把我送到劇院。」

車夫聽完後哈哈大笑起來說道：「真不愧是大名鼎鼎的音樂家，你的要求我是沒有辦法做到了，那就收你一法郎吧。」

音樂家帕格尼尼對於車夫的漫天要價，沒有義憤填膺，斷然拒絕，而是先同意付款，然後提出了一個令車夫無法做到的條件：用一個輪子把他送到劇院。這便委婉地趕到了反擊車夫的作用，而且幽默的語言也讓車夫欣然地降價，這比起動口動手的效果要好得多。

與幽默相連繫的是智慧。在溝通中，要善於使用幽默的技巧，需要具有一定的智慧。對於一個才疏學淺、舉止輕浮、孤陋寡聞的人來說，是很難生出幽默感來的。具體來說，產生幽默的條件至少應包括以下幾個方面：廣博的知識和社會經驗，敏銳的洞察力和想像力，高尚優雅的風度和鎮定自信、樂觀輕鬆的情緒，良好的文化素養和語言表達能力。

要使自己的思維超乎常理，其智慧就在於隨機應變。這一方面有賴於思維的敏捷度，而掌握恰當的幽默方式也必不可少。

幽默是運用智慧、聰明與種種搞笑的技巧，使人發笑、驚異或啼笑皆非，並從中受到教育。幽默不僅是智慧的迸發、善良的表達，更是一種胸懷、一種境界。幽默是人們適應環境的工具，是人類面臨困境時減輕精神和心理壓力的方法之一。

生活中，我們常常對發生在身邊的幽默一笑了之，來不及感悟其中的人生哲學，又匆匆將它們忘掉。可見，生活中的每個人都應當學會幽默。多一點幽默感，少一點氣急敗壞、少一點偏執極端、少一點你死我活。

說話直率往往是豪爽的表現，可有時難免遇到不便直說的情況。在這種情況下，如果直言直語，可能影響到人際關係，給自己添麻煩，而且會傷害到別人。為避免不愉快的事情發生，在某些場合說話還是要講究一點技巧，即委婉含蓄地表達自己的觀點。

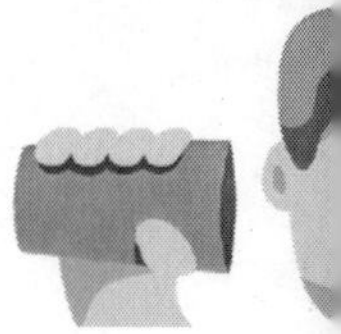

用委婉含蓄的語言表達自己的想法更容易被別人接受，也更能表現出你對別人的尊敬之意，從而能夠更好交流。

一個記者在一次礦災事故的報導中這樣寫道：「老天爺看到這副慘狀，祂落淚了。」當然老天爺是不存在的，祂是傳統觀念裡老百姓虛構出最高的神，可現在連虛構中的神都落淚了，可見煤礦事故的悲慘。如果記者直白地用所有的詞語來描述現場的慘狀，不一定會引起人們這麼高的關注和同情。但是，記者借用上帝委婉地表達了自己的感情，產生了很好的誘發作用，更能引起人們的同情。

含蓄的幽默能有效地減少我們溝通的「摩擦係數」，打開局面，拉近距離，活躍氣氛，增進了解，溝通想法，產生共鳴。

有個人到一家餐廳和朋友用餐，他點了一隻餐廳自己養殖的老鱉。菜端上來後，夾菜時卻發現盤中的老鱉少了一條腿，他們覺得這隻老鱉肯定不新鮮了。於是就把服務員叫來，服務員無法解釋，只好找來了老闆。

老闆看過後面有難色。

這位顧客說：「老闆，據我了解老鱉是一種殘忍的動物。難道我點的老鱉是因為和牠的同伴打架而被咬掉了一隻腿？」

老闆聽後笑了笑，說道：「沒錯！我猜也是這個原因。」

顧客巧妙地說：「那麼，就請給我調換一隻打了勝仗的老鱉吧！」

老闆欣然地給這位顧客更換了一隻「打了勝仗的老鱉」。

顧客用了幽默的方式委婉地提出了自己的想法。這種方式沒有取笑他人，沒有責備他人，也沒有傷及他人的自尊，既維護了餐廳的聲譽，又維護了自己的利益，老闆當然會很爽快地答應他的要求。

其實，很多時候委婉地表達，不僅能化解別人的難堪，也會為自己解決實際問題。

溝通處方

用委婉含蓄的語言表達自己的想法更容易被別人接受，也更能表現出你對別人的尊重之意，從而能夠更好交流。

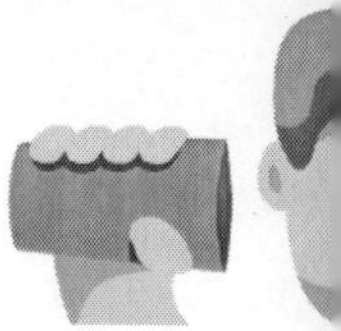

幽默也要分對象和場合

某社區裡有個活動室，上了年紀的老人常常聚在一起玩牌，尤其是老王，就是一個老牌迷。可是，最近老王好久沒來了，大家都感覺很奇怪。

一天，鄰居老孫見到了老王，就問：「老王啊，怎麼這幾天都沒看見你啊？」

老王一笑說：「我兒子、媳婦宣布我必須在規定時間、規定地點接送小孫子上幼稚園。所以，最近不能和你們一起玩了。」

老孫一臉的嚴肅，說：「這麼說你被『軟禁』了！」

趕上前來跟老王打招呼的牌友們聽見這麼一句話，嚇一跳，問：「啊？怎麼回事？貪汙了？」

老孫就給大夥解釋了一下，大家聽了都哈哈大笑起來。可是，老王的臉色非常不好看。他藉口有事就離開了。

老孫是個不拘小節的人，不管見什麼人都喜歡開玩笑，結果卻傷害了老王。面對比較嚴肅的人，我們一定要注意不可過分地開玩笑，否則只會讓氣氛變得尷尬，給自己帶來難堪。

幽默也要分對象和場合

生活中的你，也許根本就不知道什麼是真正的幽默。當然，也許你就是一個非常有幽默感的人，但你卻不知道不適時的笑話或是幽默可能導致的後果是什麼，並且你也不明白如何去正確地運用它。你需要明白的是，平等從容才能幽默，聰明透澈才能幽默，裝腔作勢難以幽默，遲鈍拙笨亦難以幽默，多一點幽默並不是僅僅為了一笑，而是為了使語言更加豐富，更富於美感。

如果你不能正確地運用幽默，那別人就會把你也看成是一種笑話，因此，在你需要用幽默或是笑話來調節你所處的場合的氣氛時，你一定要明確地知道在場的聽眾是不是有幽默的稟賦，不然的話你所說出來的幽默就根本得不到認可，甚至在場的所有聽眾對你所表演的幽默一點也不會有所反應。

如果你的幽默與當時的形勢以及場合極不協調，那麼你的那種自以為是的幽默或笑話，周圍的人可能會不屑一顧，在很多的時候還往往會引起別人的反感，甚至於被人視為是對自己的侮辱而遭到反對。

你還要了解你自己，弄清楚自己是否是一個具有幽默天賦並能靈活運用的人。如果不了解這一點，只是憑自己的興致，不分場合地去說一些你自己認為十分有趣的笑話或是幽默，是不會收到良好效果的。

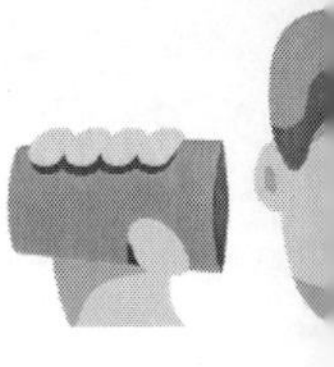

你要對自己和你所面對的人有一個正確的估計，要學會正確地運用幽默這種精神調節劑，因時因勢，因地制宜地幽默一下，才能使幽默真正產生它該有的效果，才能做到不被別人誤解。

在你運用幽默感的過程當中，一定要注意運用的物件和場合。幽默讓人愉悅，能達到溝通的效果，但是不合時宜的幽默只會令人厭惡。

幽默要分對象，要區分不同的性別、身分、地位、閱歷、文化素養和性格。不是什麼人都可以隨便說幽默的笑話的。同一個玩笑，能對甲開，不一定能對乙開。比如，就性格而言，有的人內向，如果對這樣的人使用幽默語言，就要小心謹慎。關係到他們自身的玩笑話最好少開為妙，即使要開也要注意分寸。不然開過了頭，就會使他們感到不悅。而對性格外向的人則可以多開玩笑，但也要注意程度。

一般來說，同輩之間可以開玩笑，同事之間可以開玩笑，而晚輩則不宜與長輩開玩笑，下級不宜與上級開玩笑。在家人、同鄉、朋友、同學、愛人、同事、部下之間，可以開開玩笑，說些幽默風趣的話。而對陌生人尤其是陌生女性、性格憂鬱或孤僻的人，一般不宜隨便開玩笑。

日常生活中，有許多場合可以說幽默的笑話，如月下漫步、乘船候車、盛夏納涼、課餘小憩、酒前宴後閒聊，等等。在一些特殊的場合則不宜說幽默的話，如在莊重的會議或在葬禮上等說一些幽默的話則會不合時宜；在婚禮的宴席上，可以就新郎、新娘的戀愛軼聞說些幽默的話，但切忌以新郎、新娘的隱私問題作為笑料來大肆宣揚，那樣肯定會令人不快。

幽默是一種美好的情感交流，像一塊糖，使得本來逆耳的建議讓人樂於接受。但是運用幽默先要保證它的前提，在正確的場合下，幽默才能達到效果，否則，只會讓幽默變成利劍，傷害了別人的自尊，也讓自己的好意化為諷刺。

在人際交往中，一個得體的玩笑可以活躍氣氛，讓人緊繃的大腦得到鬆弛，創造出一個充滿歡樂氛圍的環境。但是如果不分對象、不分場合亂開玩笑，則會適得其反。

幽默可以讓我們的生活更加多彩，然而開玩笑一定要掌握「分寸」，適可而止才能活躍氣氛，增進彼此之間的友誼。

溝通處方

在你運用幽默感的過程當中，一定要注意運用的對象和場合。幽默讓人愉悅，能達到溝通的效果，但是不合時宜的幽默只會令人厭惡。

用幽默化解紛爭

一九四四年，富蘭克林．德拉諾．羅斯福（Franklin D. Roosevelt）第四次連任美國總統。一位記者採訪他，請他談談這次連任的感想。

羅斯福沒有回答，很客氣地先請這位記者吃一塊「三明治」。記者覺得這是殊榮，十分高興地吃了下去。總統微笑著又請他吃第二塊「三明治」。他覺得總統的好意不便推卻，又吃了下去。不料，總統又請他吃第三塊，他簡直受寵若驚，雖然不想吃，但還是勉強吃了下去。哪知羅斯福在他吃完之後又說：「請再吃一塊吧！」記者一聽啼笑皆非，因為他實在吃不下去了。

羅斯福微笑著說：「現在，你不需要再問我對第四次連任的感想了吧，因為你自己已感覺到了。」

這則笑話展現了羅斯福的睿智，他幽默地替自己解了圍。

現代人際溝通中，幽默的運用越來越重要，幽默甚至被譽為「無國籍的親善大使」。無論你從事什麼職業，幽默都能使你順利地改善困難的處境，在社交場合建立起和諧的人際關係，讓你成為一個能克服障礙、得到別人喜歡和信任的樂觀之人。

在人際交往中，難免遇到許多棘手的問題或尷尬的場面，恰當地運用幽默，能產生神奇的效果。

用幽默化解紛爭

在一個小鎮上，一家酒館老闆脾氣暴躁，聽不得半句壞話。有一次，一個過路人在此喝酒，剛喝一口，就忍不住叫了出來：「酒好酸。」老闆聽後大怒，吩咐夥計拿起棍子打人。

這時，又進來一位顧客。這個人問：「老闆為什麼打人？」老闆說：「我賣的酒遠近馳名。這人偏說我的酒是酸的。你說他該不該打？」這個人說：「讓我嘗嘗。」剛嚐一口，眼睛和眉毛都擠在一起，脫口說道：「你還是把他放了，打我兩棍子吧。」

大家哄堂大笑，一句詼諧的話語平息了一場糾紛。

幽默是一種高級的智力活動，能夠化解對方的怒火，減輕對方的怒氣。所以，在語言使用過程中，善用幽默有助於達到我們的目的。

幽默的語言可以使我們內心的緊張和重壓釋放出來，化作輕鬆一笑。在溝通中，幽默如同潤滑劑，可有效地降低人與人之間的「摩擦係數」，化解衝突和矛盾，並能使我們從容地擺脫溝通中可能遇到的困境。

一位女士怒氣衝衝地走進食品商店，向店員嚷道：「我叫我兒子在你們這裡秤的果醬，為什麼缺斤少兩？」

店員先是一愣，隨即很有禮貌地回答：「請您回去稱稱孩子，看他是否長重了。」

這位女士轉念一想，立刻恍然大悟，臉上怒氣全消，心平氣和而又不好意思地對店員說：「噢，對不起，誤會了。」

這裡，店員小姐認為自己不會秤錯，便剩下一種可能，即小孩把果醬偷吃了。如果明說「我不會搞錯的，肯定是你兒子偷吃了」，或者「你不找自己兒子的麻煩，倒問我秤錯沒有，真是莫名其妙」，非但不能平息顧客的怒氣，反而會引發一場更大的爭論。

店員用幽默委婉的語氣指出女士所忽視的問題，既維護了商店的信譽，又避免了一場爭吵，贏得了顧客的好評。

幽默本身不會使我們高興，但它是快樂的催化劑。如果你想透過幽默的力量來平息人生的風暴，與別人建立和諧的關係，並達成你的人生目標，那麼趕緊將這力量付諸實踐。

當你把幽默付諸實踐時，你能判斷別人如何反應，必要的時候改變一下運用的方法。你用得越多，它就越壯大，這一點有賴你自己去證明。以幽默的力量來連接並引導你的個人生活、家庭和事業，然後看看結果如何。

某位鋼琴家有一次在美國密西根州的弗林特城演奏，發現觀眾不到五成，他很失望。但走向舞臺的腳燈時，他卻對聽眾說：「弗林特這個城市一定很有錢，我看到你們每個人都買了三個座位的票。」於是，演奏廳裡充滿了笑聲。

幽默用生動形象、委婉含蓄的語言，友善地提出自己對現實問題的見解，能使對方在愉快的情境中、歡樂的笑聲中接受批評教育，從而改正自己的缺點和錯誤。

某位生物學教授正在講課。突然一個學生在下面學雞叫，課堂上頓時一片哄笑。這時，教授卻鎮定自若地看了看自己的掛錶，不緊不慢地說：「我這支錶誤事了，沒想到現在已是淩晨。不過請同學們相信我的話，公雞報曉是低等動物的一種本能。」這種幽默的責備對學生起了警告作用。

溝通處方

幽默用生動形象、委婉含蓄的語言，友善地提出自己對現實問題的見解，能使對方在愉快的情境中、歡樂的笑聲中接受批評教育，從而改正自己的缺點和錯誤。

第六章 克制自己的不良情緒

每個人都會遇到不如意的事情，產生不良的情緒。如果你將不良情緒帶到與人交往之中去，那麼別人就不會願意與你溝通。

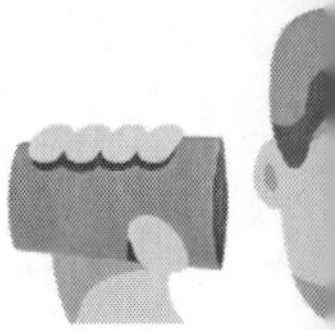

隨便指責是愚蠢的行為

一八六三年七月，蓋茲堡戰役展開。在敵軍陷入了絕境時，林肯下令給米德將軍(George Gordon Meade)，要他立刻出擊敵軍。但米德將軍遲疑不決，用盡了各種藉口，拒絕出擊。結果，敵軍順利逃跑了。

林肯勃然大怒。他坐下來給米德將軍寫了一封信，表達了他的極端不滿。但出乎常人想像的是，這封信林肯並沒有寄出去。

在林肯逝世後，人們在一堆文件中才發現了這封信。也許林肯設身處地地想了米德將軍當時為什麼沒有執行命令，也許他想到了米德將軍見到信後可能產生的反應，米德可能會與林肯辯論，也可能會在氣憤之下離開軍隊。

木已成舟，把信寄出，除了使自己一時痛快以外，還有什麼作用呢？

尖銳的責備和攻擊，所得的效果都是零。責備就像家鴿，最後總是飛回家裡。當我們想指責或糾正對方時，他們會為自己辯解，甚至反過來攻擊我們。成功的經驗告訴我們：學會寬容和尊重，才能更好地與人相處。

這天，丈夫回到家，發現屋裡亂七八糟，到處是亂扔的玩具和衣服，廚房裡堆滿碗碟，桌上都是灰塵……他覺得很奇怪，就問妻子：「發生什麼事了？」妻子回答：「平

隨便指責是愚蠢的行為

日你一回到家，就皺著眉頭對我說：『一整天你都做什麼了』，所以今天我就什麼都沒做。」

好指責就如同愛發誓，實在不是一種好習慣。你會傷害別人也會傷害你自己，別人不舒服你也不會舒服。

不要指責他人，並不是說放棄必要的責備。這裡的原則是要抱著尊重他人的態度，以對方能夠接受的方式來責備。

一家工廠的老闆，這天巡視廠區，看到幾個工人在庫房吸菸，而庫房是禁止吸菸的。他沒有馬上怒氣衝衝地對工人們說：「你們難道不識字嗎？沒有看見禁止吸菸的牌子嗎？」而是稍停了一下，掏出自己的菸盒，拿出菸給工人們，並說：「請嘗嘗我的菸！不過，如果你們能到屋子外去抽的話，我會非常感謝的。」工人們則不好意思地掐滅了手中的菸。

我們喜歡責備他人，常常是為了表現自己的高明。有時，也有推卸責任的目的。我們謙虛一些，嚴格要求自己一些，這對自己只有好處，絕無壞處。

在你想責備別人的這不是那不是時，請馬上閉緊自己的嘴，對自己說：「看，壞毛病又來了！」這樣，你就可以逐漸改掉喜歡責備人的壞習慣。

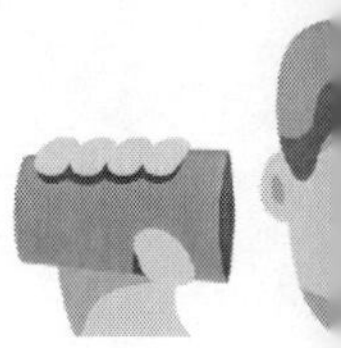

有的人只相信自己，不相信別人，讓人避而遠之；有的人總喜歡嚴厲地責備他人，使對方產生怨恨，不覺中使彼此的溝通難以進行，事情也辦得一團糟。成功人士說，只有不夠聰明的人才責備、指責和抱怨別人。

在交涉場合中，往往有些人會不顧及別人的面子，當眾指出你的不足與缺點，使你手足無措，陷入尷尬的境地。面對這種情況，你可以運用以下幾種方法應對。

■ **請難應變法**：當你處於窘境之時，可以反問對方一個問題，讓對方來回答，從而把對方和聽眾的注意力都轉移到你提出的問題上，這就是請難應變法。

■ **有意曲解法**：在與人交涉的過程之中，當你遭到惡意攻擊並陷入難堪境地時，你可以抓住對方語言中的某個詞或某句話，有意曲解，這樣做既可以解脫窘境，還可以用來嘲諷對手。

被人當場指責實在是讓人難堪至極，若和對方針鋒相對地去爭辯，也會有失風度。你若故意曲解對手的話語，不但讓對手苦不堪言，自己還可以體面地下了臺。

■ **非凡的想像法**：在與人交涉時，當你因做錯事或說錯話而受到對方的指責時，若一味地去狡辯，只會影響你的形象。此時，你應發揮非凡的想像，在困境中展示你的才智和應變能力，將問題轉移。

受到對方指責時，簡單道歉或辯解是不能迅速化解對方心中不滿情緒的。發揮超乎常人的想像，始終避開正面交鋒，並借助偶然的因素所造成的失誤構成某種歪曲的推理，可以有效淡化對方的不滿。

- **逆向釋因法**：面對對方的攻擊，如果你能借用對方的說理和推理方法反向攻擊，便能從困境中解脫出來。從相反的方向攻擊，可以輕而易舉地制服對方。
- **歪問歪答法**：與人交涉時，若順著對方問話老老實實地作答，有時就會陷入對方設置好的陷阱。所以，針對對方提出的怪問題，你不妨來個歪問歪答，巧妙過關。

溝通處方

好指責就如同愛發誓，實在不是一種好習慣。你會傷害別人也會傷害你自己，別人不舒服你也不會舒服。

化被動為主動應對嘲笑

有一位著名的丑角叫土魯斯。在一次演出幕間休息的時候，一個很傲慢的觀眾走到他的身邊，譏諷地問道：「丑角先生，觀眾非常歡迎你吧？」

「還好。」土魯斯謙虛地答道。

「要想在馬戲班中受歡迎，丑角是不是就必須具有一張愚蠢而又醜怪的臉蛋呢？」

「確實如此。」土魯斯回答說，「如果我能生一張像先生您那樣的臉蛋的話，我肯定能拿到雙薪。」

這位傲慢的觀眾的臉蛋，和土魯斯能否拿雙薪，其實是毫無內在連繫的，但幽默的土魯斯卻巧妙地把它們連繫在一起，產生強烈的幽默感，對這位傲慢的觀眾做了諷刺。

在社交場合中，有時會遇到別人有意成無意搶白你，奚落、挖苦、譏諷你，面對這些情況你該怎麼辦？有隨機應變能力的人，能調動自己的智慧，化被動為主動，使尷尬煙消雲散。「兵來將擋，水來土掩」，可視不同的情況選擇不同的應付辦法。

俄國寓言作家克雷洛夫（Ivan Andreyevich Krylow），生得皮膚較黑，但偏偏又喜歡穿黑衣服。一天，他在路上遇到了兩個穿得花裡胡哨的公子哥。其中有一個見到了克雷洛夫，就陰陽怪氣地對他的同伴說：「看啊，飄來了一朵烏雲！」克雷洛夫應聲答道：「怪不得青蛙高興得叫了。」克雷洛夫如法炮製，接過話教訓了對方。

若判明來者意圖不善，是懷有惡意、故意挑釁的話，你可以「以眼還眼，以牙還牙」，有理、有節、有禮貌而巧妙地回敬對手，針鋒相對，將「原物」頂回。

著名律師湯姆被選為議員以後，仍然穿著鄉下人的服裝從農莊到了波士頓。當他在一家旅館客廳裡休息時，聽到一群衣冠楚楚的紳士淑女在議論他：「啊，來了一個道地的鄉巴佬，我們過去逗逗他。」於是，他們就走過去，把湯姆圍起來，向他提出一些怪問題，嘲弄他。湯姆站起來，鄭重地說：「你們僅僅從我的衣著看我，就不免看錯了人，以為我是一個鄉巴佬。而我呢，因為同樣的原因，以為你們是紳士淑女。其實，我們都錯了。」這一句話，揭露了對方「金玉其外，敗絮其中」的為人，使嘲弄者反受到了嘲笑，同時也提醒他們不要犯以貌取人的世俗錯誤。

如果有人用過於唐突的言辭使你受到傷害，或叫你難堪，你應該含蓄應對，或裝聾作啞、拐彎抹角、閃爍其詞，或順水推舟、轉移「視線」、答非所問，談一些完全與其問話「風馬牛不相及」的事，用這種委婉曲折的方法反駁對手，肯定會取得奇特的功效。

有的時候，可能會遇到棘手犯難的問題。對此，若以幽默詼趣的方式回答，往往會「化險為夷」，改變窘態。在「山重水複」的時候，轉為「柳暗花明」，使尷尬的局面消失在談笑之中。

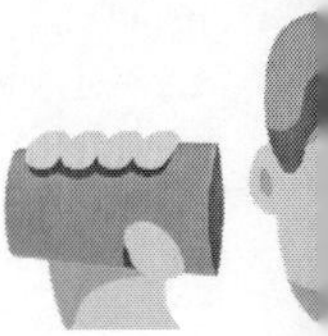

俗話說：「防人之心不可無，害人之心不可有。」練就隨機應變的語言表達能力很重要，但切不可主動進攻、出口傷人，而且自我防衛要注意有禮貌。

在與人交涉的過程中，難免會遇到一些心胸狹隘、不顧及別人情面的人。他們可能會在你偶然犯錯誤或者失態的情況下，嘲笑你的不慎或者失誤，從而達到使你難堪的目的。這個時候，我們往往會顯得手足無措，不知如何是好。下面的幾種方法能幫助你擺脫困境，還能幫你贏回自信。

■ **隱含鋒芒法**：當對方的嘲笑是出於無知或輕浮時，你可以不直接反擊，透過說明事實真相的方式，就能心平氣和地給對方的失禮行為以分量不輕的教訓。這種方式看似平常，卻既有很強的教育作用，又能顯示說者的風度雅量。

這種應對方法，不是那麼鋒芒畢露，咄咄逼人，而是在平心靜氣，甚至是在談笑風生之中，透過陳述事實，說明道理，揭露對方的無知。當情況點明時，對方已經無地自容了。有時候，這種方式比直接反駁的效果更好。

■ **以牙還牙法**：如果嘲笑者是蓄意挑釁，汙辱人格，拿人的生理缺陷尋開心，這時被嘲笑者不必客氣，要以其人之道還治其人之身，以強烈刺激性的語言給他們來點教訓，使對方「啞巴吃黃連」。

- 對於他人有意侮辱人格的嘲笑應以眼還眼，以牙還牙，自衛還擊，可以收到一招制勝的效果。
- **幽默解窘法**：當對方嘲笑的是自己的確存在的事實時，如果自己矢口否認，反而是在欲蓋彌彰；如果惱羞成怒，也會錯上加錯。這時，不妨採取幽默方式給以應對，使自己體面地從窘迫中走出來。

  幽默解窘法雖然可以為自己解窘一時，但是有護短和狡辯之嫌。因此，它只能作為權宜之計，暫時給自己一個臺階下，進而要從對方的嘲笑中認知到自己存在的問題，並下決心改正，這才是正確的作法。
- **強忍自激法**：如果對方的嘲笑並不涉及自己的人格，而且說的又是事實，只不過是用語尖刻了一點，使自己的面子有些過不去時，你大可不必反擊。此時，你不如將對方的羞辱化作動力，下決心改變事實，提高自己，最終為自己挽回面子。當你揚眉吐氣之時，對方也會感到自愧的。

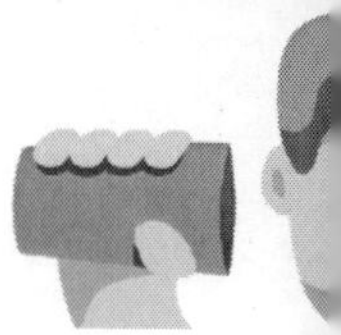

溝通處方

如果有人用過唐突的言辭使你受到傷害，或叫你難堪，你應該含蓄應對，或裝聾作啞、拐彎抹角、閃爍其詞，或順水推舟、轉移「視線」、答非所問，談一些完全與其問話「風馬牛不相及」的事，用這種委婉曲折的方法反駁對手，肯定會取得奇特的功效。

理智應對蠻橫不講理的人

一九三〇年代，一次一位英國商人向香港地區著名的茂隆皮箱行訂購了三千只皮箱，總共價值二十萬元港幣。

雙方簽訂的合約中明確規定，全部的貨物要在一個月之內交付，如果逾期，賣方必須賠償英商十萬元港幣的損失費用。

在日夜趕工之下，茂隆皮箱行經理馮燦在一個月內如期向英商交貨。

沒想到交貨的時候，一開始就存心訛詐賠償費用的商人，無計可施之餘，居然莫名其妙地質疑：「你們的皮箱夾層使用了木板，這批貨不是我們要的皮箱，你們必須重做『真正的皮箱』！」

面對商人的無賴行徑，馮經理怒不可遏，雙方多次交涉無效後，只好鬧上法院。然而，同為英國人的法官有意偏袒商人。所幸，馮燦委託的律師羅錦文冷靜處理，而贏得最後的勝利。

在最後辯論過程中，當羅錦文面對強詞奪理的奸商和具有排華情結、心懷偏頗的法官，隨手從口袋裡掏出了一隻英國出品的金錶，高聲問法官：「法官先生，請問這是什麼錶？」

只見法官神氣地說：「這是大英帝國的名牌金錶，可是我提醒你，這錶與本案毫無關係！」

「當然有關係！」羅錦文高舉金錶，繼續大聲說道：「這是一隻金錶，我們尊敬的法官已有定論，恐怕沒有人表示異議了吧？但是，我想請問各位，這塊金錶除了錶殼是以少量黃金打造的以外，內部機件都是黃金材質的嗎？」

法官和商人這才發覺，他們中了律師的「圈套」。但是，為時已晚，自己言之確鑿的回答，早已成為對方最有利、最無可辯駁的證據。

羅錦文抓準時機地繼續說：「既然金錶中的部分零件允許非黃金材料，那麼，皮箱中的部分材料為何非要全都是皮製品呢？我們可以很明顯地知道，在這個皮箱案中，純粹是原告無理取鬧，存心敲詐而已！」

於是，在眾目睽睽之下，商人啞口無言。法庭不得不判商人誣告罪，並罰款五千元港幣了結此案。

對於蠻橫無理的人，不要一味強調自己的立場，應該避開雙方相持不下的情況，為自己找到絕佳的出口。懂得以巧妙的迂回戰術避實就虛，用對方的邏輯來打敗對方，這才是聰明人獲得勝利的關鍵因素。

有的時候明明你是對的，理在你這裡，但是為了保全別人的臉面，即使有理也不一定要氣壯。

在一家餐館裡，一位顧客粗聲大氣地嚷著：「小姐，你過來，你過來！」他指著面前的杯子，滿臉怒氣地說：「看看，你們的牛奶是劣質的吧，看把這杯紅茶都糟蹋了！」

「真對不起！」服務生笑道，「我立刻給您換一杯。」

新紅茶很快端來了。茶杯跟前仍放著新鮮的檸檬和牛奶。服務生把紅茶輕輕放在顧客的面前，又輕聲地說：「我是不是能向您建議，如果在茶裡放檸檬，就不要加牛奶，因為有時候檸檬會造成牛奶結塊。」顧客的臉一下就紅了。他匆匆喝完茶，走了出去。

有人笑著問服務生：「明明是他沒理，你為什麼不直說呢？他那麼粗魯地叫你，你為什麼不給他一點顏色瞧瞧？」

服務生說：「正因為他粗魯，所以要用婉轉的方式對待。正因為道理一說就明白，所以用不著大聲。理不直的人，常用『氣壯』來壓人。理直的人，要用『氣和』來交朋友。」

客人們都佩服地點頭笑了，對這家餐館也增加了許多好感。

有理不在聲高。「理直氣和」往往比「理直氣壯」會收到更好的處世效果。

在社交活動中，有的人蠻橫不講道理，如果你一再忍讓，他還會得理不饒人，這時，你也要來點硬的，以牙還牙，但是，要講究點藝術。

■ **態度冷靜**：遇事最忌諱的就是浮躁。一語不合，就暴跳如雷，這是潑婦罵街之術。強者必須態度鎮靜，行若無事。一般的吵架，誰的聲音高便算誰有理，誰的來勢猛便算誰贏了；可是真正的強者，乃能避其鋒而擊其懈。你等他罵得疲倦、無話可說的時候，輕輕地回敬一句，就會讓他再狂吼一陣。在他暴躁不堪的時候，你對他冷笑幾聲，就能把他氣得死去活來。

■ **旁敲側擊**：他偷東西，你罵他是賊；他搶東西，你罵他是盜，這是笨人的方法。旁敲側擊，在緊要的地方只要一語便可，這正是所謂殺人於咽喉處著刀的道理。越要打擊他，你越要原諒他，即便說些恭維話也不為過，這樣的方法才能顯得你所說的話句句真實確鑿，讓旁邊的人看起來也佩服你的度量，並讓對方自慚形穢。

■ **言語委婉**：說人要說得微妙含蓄。你說他一句要使他不甚覺得是挨罵，等到想過一遍後才慢慢覺悟這句話不是好話，讓他笑著的面孔由白而紅，這才是強者。如果說得委婉，則首先不要說出不堪入耳的髒話，不要涉及人生理上的缺陷。再者，最好

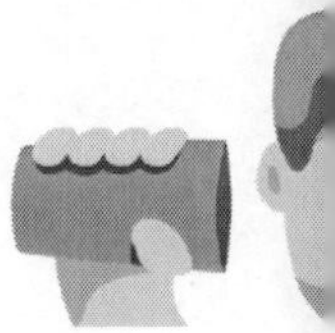

不要加入種種難堪的名詞，稱呼起來總要客氣。即使他是極其卑鄙的小人，你也不妨稱他先生。越客氣，語言越有分量。

■ **預設埋伏**：說話之前，你便要想想看，他將用什麼話回應你。有眼光的人，便會處處留神，或是先將他要譏諷你的話替他說出來，或是預先安設埋伏，令他譏諷回來的話失去效力。他譏諷你的話，你替他說出來，這就如同繳了他的械一般。預先安設埋伏，便是在要攻擊你的地方，你先輕輕地埋下話根，然後他譏諷過來就等於槍彈打在沙包上，對你產生不了傷害。

溝通處方

對於蠻橫無理的人，不要一味強調自己的立場，應該避開雙方相持不下的情況，為自己找到絕佳的出口。懂得以巧妙的迂回戰術避實就虛，用對方的邏輯來打敗對方，這才是聰明人獲得勝利的關鍵因素。

冷靜化解對方的敵意

當你面對別人故意刁難和挑戰時，你身處的局面難免會很尷尬，進退兩難。在這個時候，有一個好的辦法，那就是「以其之道，還治其身」。首先不要發怒，要冷靜地面對責難，然後迅速地找到對方的思考邏輯，並且用同樣的方式請對方予以解釋，使對方知難而退，從而化解難題。

艾奎諾夫人（Maria Corazon）競選菲律賓總統時，深得選民們的信賴。競選對手馬可仕（Ferdinand Emmanuel Edralin Marcos）不服，在媒體上譏諷艾奎諾夫人缺乏經驗，說：「最合適女人的場所是廚房。」

艾奎諾夫人聽說後，沉穩地反唇相譏：「我承認我的確沒有經驗，我沒有馬可仕那種欺騙、說謊、盜竊或暗殺政敵的經驗。我不是獨裁者，不要撒謊，不會舞弊。我雖然沒有經驗，但我有的是參政的誠意。選民們需要的就是一個和馬可仕完全不同的領袖。」

艾奎諾夫人面對馬可仕充滿敵意的醜化與嘲笑並沒有直接反駁，而是先承認自己的弱勢，承認自己缺乏經驗，接著又指出，馬可仕富於經驗，而經驗又是些亂七八糟的東西。這樣，馬可仕的攻擊頓顯蒼白，優勢與劣勢在瞬間轉化了過來。

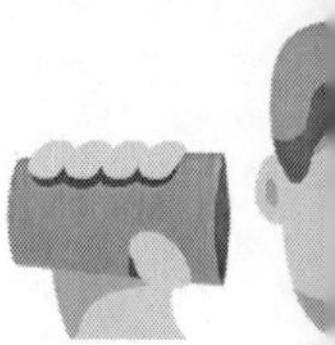

與人交往的過程中，總是無法避免遭遇到對自己充滿敵意的人，也許是因為一些莫須有的傳聞，也許是因為情感、經濟等利益的衝突，也許是因為對問題的主觀看法和立場不同。如果對方的敵意只是沉默的，倒還好一些；可是，如果對方的敵意以責難、汙辱甚至人身攻擊的方式爆發出來，我們該如何應對呢？這時，逃避當然是懦夫的行為，我們不能容忍自己的形象和尊嚴被人玷汙。但是，面對面地與其爭吵甚至謾罵，只會使彼此的矛盾升級，造成無法收拾的後果。

在人與人的交往中，並不是每個人都會對你和顏悅色、欣賞有加。有很多人很喜歡刁難別人，喜歡挑戰你忍耐的極限。在面對這樣的人挑戰你的時候，你是選擇大發雷霆、強硬對抗，還是冷靜地面對，巧妙地處理呢？

> 英國首相威爾遜（James Harold Wilson）在一次群眾大會上作演講時，反對者在下面大喊。其中，有一人大喊「垃圾」，對威爾遜人身攻擊。為了不使一場嚴肅的演講變成可笑的爭吵，威爾遜用平靜的口氣說道：「先生，您關心的問題，我們一會兒再討論。」

威爾遜幽默巧妙地使用了「代換法」來對付人身攻擊。別人說威爾遜是「垃圾」，威爾遜就把「垃圾」代換成對方「特別感興趣的問題」。如此巧妙地反戈一擊，自然會令那位自作聰明者成為眾人譏笑的對象。

面對尖銳的敵意，不急於一逞口舌之快，而是理智地採取暗示、幽默反諷、側面提示等方法，把極具威脅的敵意化於無形，你剛我柔，把萬鈞壓力消弭於無形中。

在與人交往時，運用以下幾種方法就能化解敵意，甚至能化敵為友，進而使我們在社交中建立更好的關係。

- **用幽默來轉化**：在與人交往的過程中，充滿敵意的一方，為了汙蔑對方，常常賦予對方某一醜化的形象。此時，反戈相擊，又不費吹灰之力的辦法就是，將醜化的形象代換給對方。
- **從側面提示對方**：不直接勸解對方放棄敵對態度，而透過與正題不相干的話題委婉地暗示對方，使其意識到自己的敵對態度並不利於事情的解決，從而能收到直接勸解所起不到的作用。
- **以退為進**：以退為進，先承認自己在某一方面的劣勢，然後再反唇相譏，揭露對方所謂優勢的不正當性，從而反襯出自己的劣勢才是真正的優勢。
- **爭取多數人的支持**：在人數眾多的交際場合，應掌握大多數人的心理特徵，爭取他們的理解與支持，使少數敵對者處於孤立的地位，這樣一來，他們就不敢放肆了。

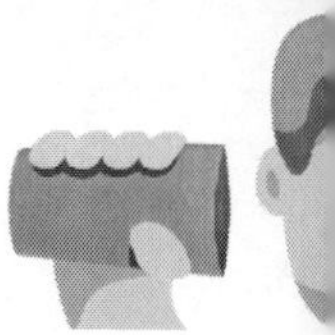

溝通處方

當你面對別人故意刁難和挑戰時，你身處的局面難免會很尷尬，進退兩難。首先不要發怒，要冷靜地面對責難，然後迅速地找到對方的思考邏輯，並且用同樣的方式請對方予以解釋，使對方知難而退，從而化解難題。

遇到反對也要勇於發表看法

在牛津大學某年的博士生面試中，一個學生和教授發生了激烈的爭執，因為教授對他的研究設計產生了很大的質疑。

教授大聲地說：「你的研究設計裡面包涵十處很明顯的錯誤，根本就不是一個合格的研究計畫！」

學生也不甘示弱地大聲反駁：「這只能表示我的研究計畫不夠完善和成熟，並無法說明我的研究計畫不合格啊！而且，如果您能接受我成為您的學生，我有信心一定會把這個計畫做得盡善盡美。」

教授很生氣地說：「難道你要我指導一個反對我觀點的學生嗎？」

學生說：「坦白說，教授，我就是這麼想的。」

面試結束後，學生心想：「這下牛津大學肯定不會接受我了。」

於是，他灰心喪氣地坐在門外等候最後的通知。沒有想到，在公布錄取名單的時候，竟然有他的名字。

名單宣布完，教授對學生說：「孩子，雖然你頂撞了我一個多小時，但是我們還是決定錄取你。我要你在我的指導下反對我的理論。這樣一來，如果事實證明你是錯的，我會很高興。如果事實證明你是對的，那麼我會更高興。」

世界上沒有兩片完全相同的葉子，我們每個人都有自己的想法和意見，但並不是每一個人都敢表達自己的想法。

要是連自己的想法都不敢大膽地說出來，那麼我們怎麼能和別人去交流思想？如何去面對困難？如何創造機會進入成功的殿堂呢？

想要讓別人充分了解自己的想法，首先要勇敢表達自己的意見，就像這個學生一樣。不要擔心別人的反駁和質疑，因為只有反駁和質疑才會讓原來想法中的瑕疵消失，才會讓你離成功越來越近。

有時候，自己的某一方面會得不到別人的肯定與認可，那麼對方就會用言辭對你加以否定，無疑你的自信心將會大受打擊，對交際熱情也會大打折扣。你還會因此有意避免與否定你的人打交道。生活中，這樣的情形並不少見。

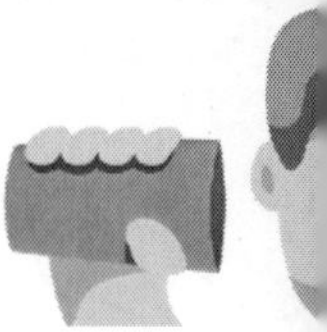

在與人交往的過程中，當你遭遇他人的否定時，可以嘗試以下方法。

- **重新審視一下自我**：別人的否定，我們要引起重視，因為別人的否定肯定是有原因的。我們要以此為契機重新審視一下自我，更清醒、更正確地認識自我。
- **讓他人重新審視你**：每個人都有看走眼的時候，而且在看走眼時往往還很自負。所以，如果你認定自己是正確的，就應該用誠心和智慧讓對方重新審視你，給你一個全新的評價。
- **透視他人的「否定」**：每個人都有判斷失誤的時候。所以，有必要對他人的「否定」做一下透視，認清其實質：一是看看別人的「否定」是否是平庸之見；二是不要迷信權威的評判。有些人不相信小人物中有能人；有些人缺乏識人的慧眼；有些人品德並不高尚。所以，當別人否定你時，不必妄自菲薄，認清形勢，認清自我是最重要的。
- **激起鬥志，發奮圖強**：權威的否定會對你形成打擊，但你不要就此消沉，把他人對你的否定化為一種動力，積極向上，相信必有所成。

溝通處方

想要讓別人充分了解自己的想法，首先要勇敢表達自己的意見。不要擔心別人的反駁和質疑，因為只有反駁和質疑才會讓原來想法中的瑕疵都消失，才會讓你離成功越來越近。

不要動不動就生氣

某個政黨有位剛剛嶄露頭角的候選人，被人引薦到一位資深的政界要人那裡，希望這位政界要人能告訴他一些在政治上取得成功的經驗，以及如何獲得選票。

正式談話前，這位政界要人提出一個條件：「你每次打斷我說話，就得付五美元。」

候選人說：「好的，沒問題。」

「現在，馬上可以開始。」

「很好。第一條是，對你聽到的對自己的詆毀或者汙蔑，一定不要感到憤慨。隨時都要注意這一點。」

「噢，我能做到。不管人們說我什麼，我都不會生氣。我對別人的話毫不在意。」

「很好，這就是我經驗的第一條。但是，坦白地說，我是不願意你這樣一個不道德的流氓當選的……」

「先生，你怎麼能……」

「請付五美元。」

「哦，啊！這只是一個教訓，對不對？」

「哦，是的，這是一個教訓。但是，實際上也是我的看法……」

「你怎麼能這麼說……」

「請付五美元。」

「哦！啊！」他氣急敗壞地說，「這又是一個教訓。你的十美元賺得也太容易了。」

「沒錯，十美元。你是否先付清錢，然後我們再繼續？因為，誰都知道，你有不講信用的賴帳的『美名』……」

「你這個可惡的傢伙！」

「請付五美元。」

「啊！又一個教訓。噢，我最好試著控制自己的脾氣。」

「好，我收回前面的話，當然，我的意思並不是這樣。我認為你是一個值得尊敬的人物，因為考慮到你低賤的家庭出身，又有那樣一個聲名狼藉的父親……」

「你才是個聲名狼藉的惡棍！」

「請付五美元。」

這是這個年輕人學會自我克制的第一課，他為此付出了高昂的學費。

最後，那個政界要人說：「現在，就不是五美元的問題了。你要記住，你每一次發火或者你為自己所受的侮辱而生氣時，至少會因此而失去一張選票。對你來說，選票可比銀行的鈔票值錢得多。」

生氣會對自己造成損害，然而，伴隨生氣而來的惡言惡語還有可能對別人造成更大的損害。

語言可以傷人於無形，你一時不經大腦、脫口而出的話語，有可能成為別人終身的陰影。當我們情緒不佳的時候很容易說出傷人的話，這個時候我們要及時彌補自己犯下的錯誤，向被你傷害的人以你認為最好的方式說聲「對不起」。

一位年輕人在年邁的富人家裡擔任鐘點工，每天除了清潔工作，還有半個小時的「陪讀」任務。

一天，這名年輕人不小心把花瓶與筆筒的位置放反了。這原本不是什麼大事，年老的富人卻大發雷霆，指著年輕人的鼻子大罵笨蛋。

年輕人一言不發地忍耐著，因為他相當同情這名老人，除了罵人的舌頭外，他已別無利器。

在將近十分鐘的咒罵後，老人好不容易平息下來，要求年輕人進行每天的例行公事——讀一段故事給他聽。

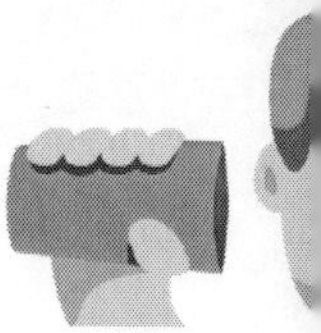

年輕人翻著書，找到一個相當吸引人的章節，上面寫著：「南洋所羅門島上的一些土著，每當樹木長得過大，連斧頭都砍不了時，他們就會對著樹木集體叫喊，直到樹木倒下為止。喊叫扼殺了樹木的生命，比任何刀棍、石頭都還具有殺傷力；正如那些尖酸、刻薄、粗魯的言語，往往會刺傷人的內心。」

年邁富有但性格怪僻的老人聽了這個故事，沉默許久。當年輕人把咖啡送到他面前，準備為他加糖時，老人抬起頭來，臉上出現難得的慈祥笑容，親切地說：「不用加糖了，你的故事已經為我加了糖！」

一時之氣，造成自己的火山爆發是小事，但是對那些被火山餘燼灼傷的人們，卻有可能造成難以彌補的傷害。

盛怒之下，體內血球不知道要損傷多少，血壓不知道要升高幾許，總之是不利於健康的。而且血氣沸騰之際，頭腦不大清醒，言行容易逾分，於人於己都不利。

為別人所犯下錯誤生氣，你無疑是在拿別人的錯誤來懲罰自己，想一想，這是多麼划不來。為突來的情緒生氣，你發了一場熊熊的無名火，想一想，這對別人來說，又是多麼的不公平。

如果無法控制自己的脾氣，那麼至少要懂得控制自己的嘴巴。生氣時，請不要隨便開口，你在這時吐出來的話，往往都不會是「象牙」。

你常生氣嗎？如果生氣是你的常客，建議你找出自己的「情緒溫度計」，或來一場「與怒氣的心靈對話」，徹底趕走怒氣。經常生氣就像不斷的小感冒，嚴重影響工作和生活。

溝通處方

生氣會對自己造成損害，然而，伴隨生氣而來的惡言惡語還有可能對別人造成更大的損害。

凡事不要太計較

有位顧客總是抱怨他家附近超市的女服務員整天沉著臉，誰見她都覺得好像自己欠她二百塊錢似的。

後來，他的妻子打聽到這位女服務員的真實情況。原來她的丈夫有外遇，整天不在家，上有老母癱瘓在床，下有七八歲的女兒患有先天的哮喘，自己也被辭退了，每月只有兩三百元的資遣費，住在一間三坪大的小屋裡，難怪她整天愁眉不展。

明白至此，這位顧客再也不計較她的態度了，而是想法去幫助她。

在公共場所，遇到了一些不順心的事，也用不著去動肝火，其實也不值得去生氣。素不相識的人不小心冒犯了你可能是有原因的，也許是各式各樣的煩心事攪在一起了，致使他心情煩躁，甚至行為失控，偏巧又叫你給撞上了。

只要對方不是做出有辱人格或違法的事情，你就大可不必去跟他計較，寬大為懷。假如跟別人計較起來，刀對刀、槍對槍地對幹，再弄出什麼嚴重的事來，可真是太不值了。跟萍水相逢的人計較，實在不是明智之舉；跟見識淺的人計較，無疑是降低自己做人的格調。

跟別人相處的時候，我們要記住，和我們來往的不是度量不凡的超人，更不是修練到家的聖人。做錯事的人只會責怪別人，而不會責怪自己，我們都是如此。這不是度量的問題，而是人性的問題。和我們來往的都是感情豐富的常人。只有超人和聖人能夠虛懷若谷地對待別人的批評，但常人不能。

當我們想批評別人的時候，我們要明白，哪怕我們費盡口舌，他的想法仍然是：「我看不出我怎樣做，才能跟我以前所做的有所不同。」無論他是否辯解，他都不會真正接受我們的批評。所以，當我們產生批評別人的衝動時，有必要三思再三思，讓自己的情緒緊急煞車。

在一家工程公司，有一位安全協調員。他的職責之一是監督現場員工戴上安全帽。開始，他碰到沒有戴安全帽的人，就責備他們不遵守公司的規定，員工雖然接受了他的糾正，卻滿肚子不高興，常常在他離開以後，又把安全帽拿下來。

後來，他決定採取另一種方式。他發現有人不戴安全帽，就問他們：「是不是安全帽戴起來不舒服？或者有什麼不適合的地方？」然後，他以令人愉快的聲調提醒他們：「戴安全帽的目的是保護你們不受到傷害，建議你們工作的時候一定要戴安全帽。」結果，遵守規定戴安全帽的人愈來愈多，再也沒有故意對抗制度的行為。

我們用責備的方式，並不能夠使別人產生永久的改變，反而常常會引起憤恨。責備所引起的憤恨，往往會降低員工、家人以及朋友的和氣和情感，而所指責的狀況仍然沒有獲得改善。

當我們自己有可能犯錯時，也要容許別人犯錯。雖然我們不犯別人那個錯誤，但我們會犯自己這個錯誤。這其實是一回事。

當我們犯錯時，不能虛懷若谷地接受別人的責備，也應能理解別人不會虛心接受我們的責備。這也是一回事。

當我們有了容許別人犯錯的意識時，會發現心境忽然變得開闊起來，人際關係也變得和諧起來。

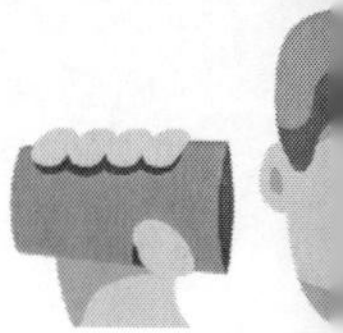

日本「經營之神」松下幸之助在管理員工時，對小的失誤會及時提醒；對大的失誤反而不置一詞。這是為什麼呢？對小的失誤不放在心上，將來可能鑄成大錯；對大的失誤，當事者必然已經意識到自己的錯誤，並為自己的愚蠢懊悔自責。這時再去指責他，已顯得多餘。

有一次，試飛員鮑伯在駕機返回基地時，在空中一百公尺的高度，兩具引擎突然熄火。幸虧他技術嫻熟，操縱飛機強行著陸成功，飛機雖然嚴重損壞，所幸人安然無恙。

經檢查，事故的原因是，這架螺旋式飛機居然裝的是噴氣機燃料。這顯然是負責這架飛機保養的機械師的過錯。

回到機場後，他要求見見這位機械師。那位年輕的機械師為所犯的錯誤極為難過，正淚流滿面地等待鮑伯暴風驟雨般的痛責。

但鮑伯並沒有一句責怪之詞，卻用手臂抱住那個機械師的肩膀，溫和地說：「不要太難過！這種事誰也不希望發生，但它有時的確免不了會發生。為了證明你不會再犯錯誤，我要你繼續為我的飛機保養。」

是的，在任何時候，我們都有必要記住，責備的目的是為了對事情有所改善，而不是為了發洩情緒。如果我們不能確定責罵能改善什麼，就不要責罵；如果我們確定即使不使用責罵，事情也會得到改善，就不要責罵。

做人不能一點都不在乎，遊戲人生，玩世不恭；但也不能太計較。太認真了，那樣，就會對什麼都看不慣，連一個朋友也容不下，就會把自己封閉和孤立起來，失去了與外界的溝通和交往。

桌面很平，但在高倍放大鏡下就是凹凸不平的；居住的房間看起來乾淨衛生，當陽光射進窗戶時，就會看到許多粉塵和灰粒彌漫在空氣當中。如果我們每天都帶著放大鏡和顯微鏡去看東西，恐怕世上沒有多少可以吃的食物，可以喝的水，可以居住的環境了。如果用這種方式去看別人，世上也就沒有美，人人都是一身的毛病，甚至都是十惡不赦的大壞蛋了。

人活在世上難免要與別人打交道，對待別人的過失、缺陷，寬容大度一些，不要吹毛求疵、求全責備，可以求大同存小異，甚至可以糊塗一些。如果一味地要「明察秋毫」，眼睛裡揉不得沙子，過分挑剔，連一些雞毛蒜皮的小事也要去論個是非曲直，整個輸贏來，別人就會日漸疏遠你。

古今中外，凡能成就一番大事業者，無不具有海納百川的雅量，容別人所不能容，忍別人所不能忍，善於求大同存小異，贏得大多數。他們豁達而不拘小節，善於從大處著眼；從長計議而不目光短淺，從不斤斤計較，拘泥於瑣碎的小事。

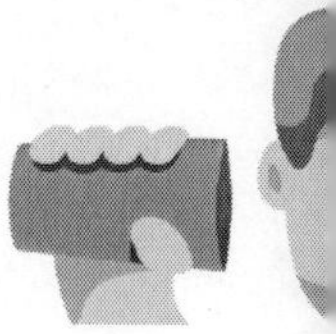

清官難斷家務事，在家裡更不要太計較，否則真是愚不可及了。家是用來講愛的地方，不是用來講理的地方。大事化小，小事化了，當一個笑口常開的和事佬。有位智者說，大街上有人罵他，他連頭也懶得回。他根本不想知道罵他的人是誰，因為人生短暫而寶貴，還有更重要的事情需要去做，何必為這種令人不快的事情去浪費時間呢？

提倡對某些事情不必太計較，可以「敷衍」，目的在於花更多的時間和精力去做我們認為值得做的一些重要事情，這樣我們成功的希望就多一分，朋友的圈子就能擴大幾分。

溝通處方

做人不能一點都在乎，遊戲人生，玩世不恭；但也不能太計較。太認真了，那樣，就會對什麼都看不慣，連一個朋友也容不下，就會把自己封閉和孤立起來，失去了與外界的溝通和交往。

和人抬槓，自己難免吃虧

一天晚上，馬克去參加了一次宴會。宴席中，坐在馬克右邊的一位先生講了一段幽默的笑話，並引用了一句話，意思是「謀事在人，成事在天」。

那位先生說那句話出自《聖經》。馬克知道他錯了，應該是出自莎士比亞的作品，就很討嫌地糾正他。那位先生立刻反唇相譏。

馬克的老朋友查理斯坐在那位先生的右手邊。查理斯研究莎士比亞的著作已經多年了。於是，他們倆都同意向查理斯請教。查理斯聽了在桌子下踢了馬克一下，然後說：「馬克，這位先生沒說錯，《聖經》裡有這句話。」

那晚回家的路上，馬克對查理斯說：「你明明知道那句話出自莎士比亞。」

「是的，當然。」查理斯回答，「可是親愛的馬克，我們是宴會上的客人，為什麼要證明他錯了？那樣會使他喜歡你嗎？為什麼不給他留點面子？他也並沒有問你的意見啊？為什麼要跟他抬槓？應該永遠避免跟人家正面衝突」

一般情況下，抬槓的結果會使雙方比以前更相信自己的觀點是絕對正確的，但是你永遠也贏不了爭論。要是輸了，當然你就輸了；即使贏了，實際上你還是輸了，因為你傷了對方的自尊，對方會對你產生怨恨之情。

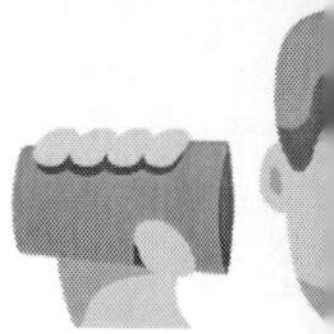

無謂的爭論除了會破壞大家的感情外，毫無意義。帶有偏執的、明顯攻擊性的爭吵，就像惡魔一樣，吞噬著人們之間的友情。辯論雙方因固執地堅持自己的觀點而爭吵得面紅耳赤、難分勝負，往往為芝麻大的事鑽牛角尖，結果兩敗俱傷。

班傑明·富蘭克林（Benjamin Franklin）說：「如果你老是抬槓、反駁，也許偶爾能獲勝，但那只是空洞的勝利，因為你永遠得不到對方的好感。」

你自己要衡量一下，是寧願要一種表面上的勝利，還是要別人對你的好感。你可能有理，但要想在爭論中改變別人的主意，一切都是徒勞。只能靠寬容以及用同情的眼光，你才可能達到改變別人觀點的目的。

小胡是個出了名的「槓爺」。不管別人說什麼，他都會跟你抬槓。你說東他偏說西，你說這個事情應該這樣，他卻總能找到理由反駁你，有時候甚至無理也能辯三分，讓人很下不了臺。時間久了，大家都怕了他，討論問題都怕被他聽到，省得又惹火上身，爭得臉紅脖子粗的，彼此都不愉快。

愛抬槓的人一般表現為不給別人發言的機會，並經常對別人說的話發表不同意見，其實這是一種自戀和反向心理的表現。

有自戀心理的人特別在乎自己的感覺，不會換位思考，更不會替他人著想。自己往往喜歡扮演一種救世主的姿態，覺得什麼事都應該自己說了算，別人都應該聽他的。有反向心理的人往往是由一種成長經歷未完成的情緒所致，以往沒有得到表述，沒有得到尊重的機會，希望能在後天中尋求補償。

想要表現自己的與眾不同，贏得他人的尊重和重視，你可以採用其他的辦法。愛抬槓只會破壞你在他人心目中的形象，讓別人覺得你是一個「槓頭」。

不要以為「快言快語」就是好口才。事實上有很多的「快嘴」恰恰就是敗在他自我感覺良好的「快言快語」上。「快言快語」容易學，但在快言快語下不失言，那可就難了。真正既能快言快語，又能很少失言的人畢竟都是一些語言天才。凡夫俗子，逢人逢事未思發語，其結果自然正誤難料。

切記，不要跟人抬槓。你的看法也許很正確，但不能因此就認為別人的看法不正確。堅持自己的意見與容納別人的意見不是矛盾的。

我們和人抬槓、辯論、反駁，有時或許會取得勝利，但這種勝利是最為空洞的。我們要關注於自我修養的提升，這對於我們今後的人生或者發展都會獲益良多。

溝通處方

和人抬槓，你輸了，至少會丟了面子，當然會吃虧；你贏了，會使對方丟了面子，讓對方對你懷恨在心，自然也是一種吃虧。所以，無論何時，避免和人抬槓才是明智的選擇。

第七章 適當運用身體語言有助於溝通

有的時候，運用身體語言溝通，勝過花費大量口舌溝通。適當運用身體語言，能夠使你更善於與人溝通，產生「此時無聲勝有聲」的效果。

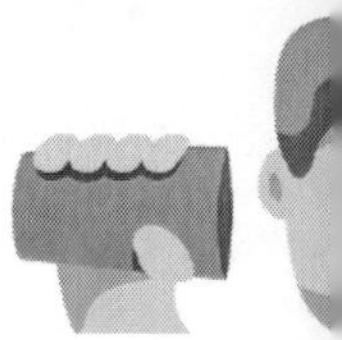

不要忽視眼神的運用

在一場跑步比賽中，有三個孩子摔倒了。這三個孩子的母親卻有著不同的反應。

第一位母親趕緊跑上去，扶起孩子，拖著孩子努力往前跑；第二位母親看到孩子摔倒後，就大聲責罵起來，責備孩子不小心、不努力；第三位母親則默默地注視著孩子，眼睛裡充滿了鼓勵，似乎在說：「孩子，趕緊爬起來，努力往前沖！」

儘管三個孩子最終都跑到了終點，但是，三個孩子的心情是不一樣的。

第一個孩子在母親的幫助下到達了終點，但是，他內心的成就感並不強烈，對於母親的幫助，他的體會並不深刻；第二個孩子在跑到終點後，必然會有委屈，甚至產生對母親的不滿，因為母親在大庭廣眾之下責罵自己；第三個孩子是最快樂的，因為他透過自己的努力到達了終點，體驗到了成功的喜悅，而促使他努力到達終點的是媽媽鼓勵的眼神，他將一輩子牢記媽媽的眼神。

運用眼神，可以使溝通更為有效。眼睛是人與人溝通中最清楚、最正確的信號，因為它是人身體的焦點。人們通常說「眼睛是心靈的窗戶」、「她的眼睛會說話」、「他的眼神不定」，都是說眼睛對人類行為的巨大作用。與對方保持最直接的溝通，除了語言之外就是眼神了。

不要忽視眼神的運用

在傾聽別人說話過程中，一定要運用好自己的眼神。要想使對方知道自己在認真聽取對方的講話，你的眼神與對方的眼神一定要保持好連繫。對方講話時，你最好與他的眼神不斷地會合，不要東張西望。隨便看其他東西聽人講話，說話人一定會感到不高興。

眼睛盯著一件東西看，這對有些人來說有點困難。但是，如果你正在努力贏得人們的好感，並且想表示你所說的話很認真，這就顯得很重要了。例如，當你走進老闆的辦公室要求他給你升遷時，如果你的眼睛緊盯著他，而不是低著頭，那麼他會更認真地考慮你的請求。當你在單位陳述你的一份商業計畫時，如果你用自信的眼神看著周圍的人，那麼大家就會更加信任你並認可你的計畫。

理解了對方的意思時，要表現出領會的眼神；渴望得到對方的講解時，要表現出誠懇的眼神；對方說到幽默處，表現出喜悅的眼神；對方出現悲傷時，要表現出同情的眼神。耳朵與大腦是語言的接收器，眼睛則是接收後的反應器。聽到別人的資訊也置若罔聞、呆若木雞，談話的雙方就無法溝通下去，應該及時接收、及時反應，從而吸引住說話人的注意力。

用眼睛和別人溝通，不僅代表你很有自信，同時也表示你對別人很尊敬。當你發表演說時，眼睛要注視著對方，語氣裡要帶有更多的強調成分，加入更多的感情色彩。如

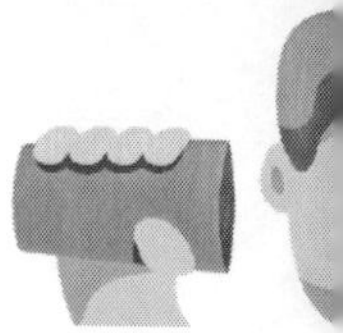

果你的眼睛看著別處或盯著地板，那就說明你對自己所說的話並不確信，或者你說的可能根本就不是事實。例如，當銷售人員的眼睛炯炯有神地向客戶介紹產品時，眼神中透射出的熱情、真誠和執著，往往比口頭說明更能讓客戶信服。充滿熱情的眼神，還可以增加客戶對產品的信心以及對這場推銷活動的好感。

俗話說：「一個目光表達了一千多句話。」這句話也同樣展現在職場中。在工作中，目光中除了能看出上級與下級、權力與依賴的關係外，還能揭示出更多的東西。

上司說話時，不看著你，這不是個好跡象。他想用不重視來懲罰你，說明他不想評價你。上司從上到下看了你一眼，則代表其優勢和支配，還意味著自負。上司久久不眨眼盯著你看，代表他想知道更多情況。上司友好地、坦率地看著你，甚至偶爾眨眨眼睛，則代表他同情你，對你評價比較高或他想鼓勵你，甚至準備請求你原諒他的過錯。上司用銳利的眼光目不轉睛地盯著你，則代表他在顯示自己的權力和優勢。上司只偶爾看你，並且當他的目光與你相遇時馬上躲避。這種情形連續發生幾次，代表面對你，這位上司缺乏自信心。

眼睛能作為武器來運用，使人膽怯、恐懼。常見的瞳孔語言為，在表示反感和仇恨時，瞳孔縮小，還露出刺人的目光；相反，睜大眼睛則表示具有同情心和懷有極大的興趣，還代表贊同和好感。

俗話說：「眼睛是心靈的窗戶。」一個人的眼神往往最能反映一個人的內心。因此，在與客戶溝通時，不但要學會從客戶的眼神中來了解他們的內心，也要學會利用自己的眼神來表達自己的情意。一方面，與客戶溝通時，要注意看著對方的眼睛，用眼神來與客戶交流，顯示出對他們的尊重。此外，眼神又要用得恰到好處，既不能死盯著對方，又不能讓人感覺到不自在，或者使人覺得你別有用心。

有人對你說話時，眼睛要注視著他；有人發表意見時，你的身體和臉要正對著他。無論我們和周圍的人用什麼方式交流，也不管表達的內容是什麼，我們肯定會對那些用眼神和我們溝通的人給予更多的關注和回應。

溝通處方

眼睛是人與人溝通中最清楚、最正確的信號，因為它是人身體的焦點。與對方保持最直接的溝通，除了語言之外就是眼神了。

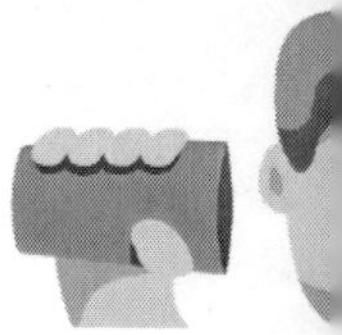

恰當使用肢體語言

一個人走進餐廳要了酒菜，吃完摸摸口袋發現忘了帶錢，便對老闆說：「老闆，今日忘了帶錢，改日送來。」

老闆連聲說：「沒關係，沒關係。」並恭敬地把他送出了門。

這個過程被一個無賴看到了。他也進餐廳要了酒菜，吃完後摸了一下口袋，對店老闆說：「老闆，今日忘了帶錢，改日送來。」

誰知，店老闆臉色一變，揪住他，非剝他衣服不可。

無賴不服，說：「為什麼剛才那人可以賒帳，我就不行？」

店家說：「人家吃飯，筷子放在桌子上放整齊，酒一盅盅地喝，斯斯文文，吃完掏出手絹擦嘴，是個有德行的人，豈能賴我幾個錢。你呢？，狼吞虎嚥，吃上癮來，腳踏上條凳，端起酒壺直往嘴裡灌，吃罷用袖子揩嘴，分明是個居無定室、食無定餐的無賴之徒，我豈能饒你！」

一席話說得無賴啞口無言，只得留下外衣，狼狽而去。

在人際交往中，我們必須留意自己的形象，講究動作與姿勢，因為我們的動作姿勢是別人了解我們的一面鏡子。在人際交往中，我們可以透過別人的動作、姿勢來衡量、了解和理解別人。

俗話說：「言為心聲。」其實不然，因為每個人都會有意識掩飾自己，可能會說假話。而肢體語言通常是一個人下意識的舉動，很少具有欺騙性。當事人下意識地以肢體活動表達出情緒，別人也可出之辨識出當事人的心境祕密。在社交場合，一個不經意的動作，都能讓一個高明的對手看透你的底牌。

頭部微微側向一旁說明對談話有興趣，正集中精力在聽。低頭說明對談話不感興趣或持否定態度。在商務交往中，低頭這種身體語言是非常不受人歡迎的。身體直立，頭部端正表現的是自信、正派、誠信、精力旺盛。頭部的這種姿態無疑是商務交往中的首選。頭部向上表示希望、謙遜、內疚或沉思。頭部向前表示傾聽、期望或同情、關心。頭部挺得筆直說明對談判和對說話人持中立態度。點頭表示答應、同意、理解和贊許。頭一擺表示快走之意。

商務場合，應該用平和、親切的目光語言，既不目光閃閃顯得激情過度而近乎做作，又不目光呆滯，顯得應付敷衍。如果眼神發虛或東張西望，就會讓對方產生一種不踏實的感覺。如果死死地盯視一個人，特別是盯視他的眼睛，不管有意無意，都是一種不禮貌的表現，會令對方感到不舒服。

盯視，在某些特定場合，是作為心理戰的招數使用的，在正常社交場合貿然使用，便容易造成誤會，讓對方有受到侮辱甚至挑釁的感覺。「睇視」是一種不太友好的身體

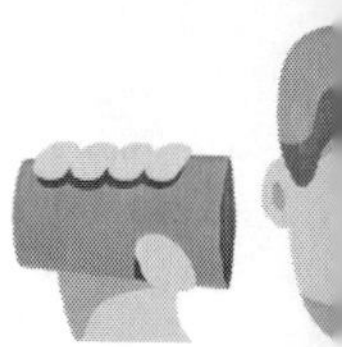

語言，它除了給人睥睨與傲視的感覺外，也是一種漠然的語態。「瞇視」，對於漂亮女性，常常傳遞著一種「色瞇瞇」的語言，讓她們感覺受到一種無形的騷擾。刻意回避對方的眼光或者眼睛瞟來瞟去，會讓對方覺得你不專心、心虛，從而得不到信任。四處漫遊這是一種猶豫、舉棋不定的身體語言資訊。斜視，表示輕蔑。俯視，表示羞澀。仰視，表示思索。正視，表示莊重。這些都需要根據場合恰當掌握。

嘴巴不僅是用來表達有聲語言的，也同樣可以表達豐富的身體語言。嘴唇閉攏表示和諧寧靜、端莊自然。嘴唇半開或全開表示疑問、奇怪、有點驚訝，如果全開就表示驚駭。商務交往中，除非是為了溝通談判的需要，否則不要輕易出現這種嘴部動作。嘴角向上表示善意、禮貌、喜悅，商務交往中，這種身體語言特別會讓對方感覺到你的真誠和善解人意。嘴角向下表示痛苦悲傷、無可奈何。嘴唇撅著表示生氣、不滿意，這種表情在商務場合出現，會被認為是不尊重對方的表現。嘴唇緊繃是表示憤怒、對抗或者是決心已定。故意發出咳嗽聲並借勢用手掩住嘴表示「心裡有鬼」、有說謊之嫌。

肩部舒展說明有決心和責任感，商務交往中，這種肩部姿態無疑是對方非常希望看到的。肩部耷拉說明心情沉重，感到壓抑。肩部收縮說明正在火頭上。肩部聳起說明處在驚恐之中。聳聳肩膀、雙手一攤，表示無所謂或無可奈何、沒辦法的意思。

雙臂交叉，用一隻手握住另一隻手臂，顯示了緊張期待的心情，也是一種試圖控制緊張情緒的方式。雙臂交叉，兩個拇指往上翹表示泰然自若，或超然度外，或冷靜旁觀、優越至上的資訊，其中又包含著一定的防禦態度。一隻手臂橫跨胸前，並用這隻手握住另一隻手臂，這是一個人處於陌生的交際場合，缺乏自信、有點緊張不安時採取的姿態。

很多人在和別人說話時，總喜歡伸出食指，這種「一指禪」動作本意是指明方向、訓示或命令。在商務場合中，如果不是指明方向，而是在和別人交談時這麼比劃，就會顯得缺乏修養和粗俗了。用手指輕輕觸摸脖子，表示你持懷疑或不同意態度。把手放在腦袋後邊，表示你有意與別人辯論。用手指敲擊桌子，表示你顯得很無聊或不耐煩。輕輕撫摸下巴，那是你在考慮做決定。手指握成拳頭，表示你小心謹慎，情緒有些不佳。

手腳伸開懶洋洋地坐在椅子上，說明相當自信並且有些自傲，不把對方放在眼裡。坐在椅子邊上，說明不自信，還有幾分膽怯，有隨時「站起來」和中斷話題的準備。除非你想表達自己的謙卑，否則如果出現這種身體語言必然會被對方輕視，從而不利於進一步的商務交往。使勁趴著桌子坐說明對話題很感興趣，也表現出幾分不拘小節。蹺起二郎腿，兩手交叉在胸前，收縮肩膀說明感到疲倦，對眼前的事不再感興趣。

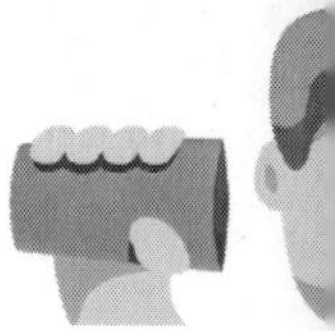

雙腿直伸，抖動腿部坐在別人面前，反反覆覆地抖動或搖晃自己的腿部，不僅會讓人心煩意亂，而且也給人以極不安穩的印象。腳尖指人、雙手抱腿、手夾在腿間、上身趴伏等坐姿在商務交往中都會給人放肆囂張的感覺。站立時背部對著對方，斜靠在其他物體上，雙手抱在胸前，把一隻手插進衣袋，這些都是不重視對方的表現。邊說話邊晃動腦袋同樣會給人囂張、輕浮的感覺。站立時雙腿頻繁地換來換去，或用腳在地上不停地劃弧線會給人以浮躁不安、極不耐煩的感覺。

讀懂別人的肢體語言，以便正確判斷和應對很重要。掌握自己的肢體語言，做一個受歡迎的人更重要。由於肢體語言是不經意的動作，所以刻意地去做，往往是做不完美的。關鍵在於你是否是個有知識、有修養的人。如果是，那麼你的一舉手一投足、一顰一笑都是得體的，受歡迎的。

溝通處方

肢體語言通常是一個人下意識的舉動，很少具有欺騙性。當事人下意識地以肢體活動表達出情緒，別人也可由之辨識出當事人的心境祕密。

用微笑獲得對方的好感

史密斯是一家小有名氣的公司總裁。他還十分年輕，幾乎具備了成功男人應該具備的所有優點。

他有明確的人生目標，有不斷克服困難、超越自己和別人的毅力與信心。他大步流星，雷厲風行，辦事乾脆利索，從不拖沓。他的嗓音深沉圓潤，講話切中要害。他對於生活的認真與投入是有口皆碑的。與他深交的人都為擁有這樣一個好朋友而自豪。

但是，初次見到他的人卻對他少有好感，令熟知他的人大為吃驚，為什麼呢？仔細觀察後才發現，原來他幾乎沒有笑容。

他深沉嚴峻的臉上永遠是炯炯的目光，緊閉的嘴唇和緊咬的牙關，即便在輕鬆的社交場合也是如此。他在舞池中優美的舞姿幾乎令所有的女士動心，但卻很少有人同他跳舞。公司的女員工見了他更是畏之如虎，男員工對他的支持與認同也不是很多，而事實上他只是缺少了一樣東西，一樣足以致命的東西——一副動人的、微笑的面孔。

微笑作為一種特殊而重要的身體語言對於現代商務人士來說非常重要。商務交往中，你的客戶可不想看到你愁眉苦臉的樣子。相反，如果不時地施以真誠的微笑，就可能感染他，使之愉悅並更願意與你相處。

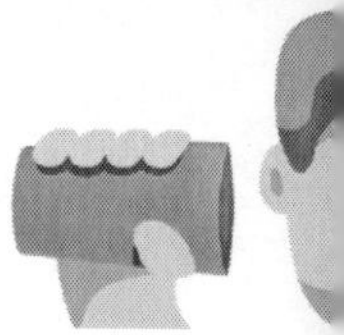

當微笑時，眼睛也要「微笑」，否則給人的感覺只能是更糟糕的「皮笑肉不笑」。「一條縫的眼睛」一定是大笑時的結果，而正常狀況下至少應該是眼睛微瞇，這樣會令你的微笑更傳神、更親切。微笑著說「您好」、「是啊」、「嗯」、「我同意」等禮貌用語會讓你更有親和力。微笑要與正確的身體語言相結合，才會相得益彰。你絕不應該在微笑時還表現出一種消極的身體語言。

有微笑面孔的人，就會有希望。因為一個人的笑容就是他傳遞好意的信使，他的笑容可以照亮所有看到他的人。沒有人喜歡幫助那些整天愁容滿面的人，更不會信任他們；很多人在社會上站住腳是從微笑開始的，還有很多人在社會上獲得了極好的人緣也是從微笑開始的。

任何人都希望自己給別人留下好感，這種好感可以創造出一種輕鬆愉快的氣氛，可以使彼此結成友善的連繫。一個人在社會上要靠這種關係才可以立足，而微笑正是打開愉快之門的金鑰匙。

如果微笑能夠真正地伴隨著你生命的整個過程，這會使你超越很多自身的局限，使你的生命自始至終生機勃發。

現實的工作和生活中，一個人對你滿面冰霜，橫眉冷對；另一個人對你面帶笑容，溫暖如春，他們同時向你請教一個問題，你更歡迎哪一個？當然是後者，你會毫不猶豫地對他知無不言，言無不盡，問一答十；而對前者，恐怕就恰恰相反了。一個人的面部表情親切、溫和，充滿喜氣，遠比他穿著一套高檔、華麗的衣服更吸引人注意，也更容易受人歡迎。

微笑是一種寬容、一種接納。它縮短了彼此的距離，使人與人之間心靈相通。喜歡微笑著面對他人的人，往往更容易走入對方的天地，正猶如人們強調：「微笑是成功者的先鋒。」

羅曼．羅蘭（Romain Rolland）曾說：「面部表情是多少世紀培養成功的語言，比嘴裡講的更複雜到千百倍的程度。」在面部表情中，人們最偏愛的就是「微笑」了。我們的生活需要笑容，因為它有益於我們的身心健康；我們的工作更需要笑容，它會滿足客戶和所有人的希望。

微笑能表達一種良好的精神風貌，是生活的魔力棒。它能給人解除憂慮，帶來歡樂。善意的微笑，對覆冰蓋雪的角落是一縷和煦的春風，讓人感到一股春風送爽的溫暖。微笑是美的，因為它表現了許多難以言傳的感情。

微笑是透過不出聲的笑來傳遞資訊的，不僅是人的外在表現，更是內在精神的反映。只要我們出自真誠、運用得當，就會贏得對方的好感，從而獲得意想不到的收穫。

微笑不僅能讓人驅走心靈的陰霾，還會讓人變得友善。

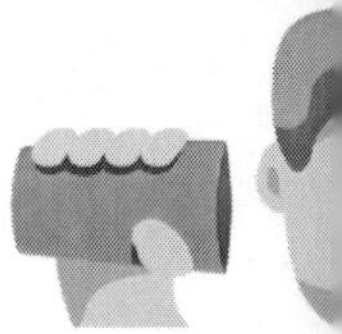

有一次，一位窘困不堪的乞食者將手伸到屠格涅夫面前。屠格涅夫找遍全身上，什麼也沒有。於是，他緊緊握住乞食者的手，微笑著說：「兄弟，很抱歉，今天我忘記帶了。」乞食者眼裡蕩漾著異樣的光芒，感動地說：「這個手心，這個微笑，就是救助！」

溫暖的微笑在人際交往中具有豐富的內涵，是自信的象徵，是心理健康的標點，是禮貌的表示，是和睦相處的反映。生動目光的微笑，就像明媚的陽光一樣，使人心曠神怡，可以驅散陰雲，淡化矛盾，可以化干戈為玉帛。

人生的美好就是心情的美好，人生的豐富就是人際關係的豐富。當用發自內心的微笑對待對方時，便主動地掌握了人與人之間真誠交往的分寸。如果可以用微笑開始，用微笑結尾，那微笑的價值是不言而喻的。

微笑是零距離人際交往的明信片，架起了彼此間友誼的橋梁，打開了從表面駛向心海的航線。

溝通處方

任何人都希望自己給別人留下好感，這種好感可以創造出一種輕鬆愉快的氣氛，可以使彼此結成友善的連繫。一個人在社會上要靠這種關係才可以立足，而微笑正是打開愉快之門的金鑰匙。

距離並不是越近越好

一位心理學家做過這樣一個實驗。

在一個剛剛開門的大閱覽室裡，當裡面只有一位讀者時，心理學家就進去拿椅子坐在他的旁邊。試驗了整整八十次。

結果證明，在一個只有兩位讀者的空曠的閱覽室裡，沒有一個被試者能夠忍受一個陌生人緊挨著自己坐下。

人與人之間在面對面的情境中，常因彼此間情感的親疏不同，而不自覺地保持不同的距離。保持人與人之間的距離，是一種交際藝術。許多人認為只要不是陌生人，就可以保持一種較為親近的關係，還有一些人認為，人與人之間還是疏遠一些較為妥當，這些都不是最佳的相處方法。

人際關係太過親密，會讓人覺得很隨便，或認為你缺乏獨立生活的能力，凡事都要讓別人替你思考，都要與人商量。隨後，他們就會認為你是「應聲蟲」，沒有獨立的人格與尊嚴。人際關係太過疏遠，又會讓人感覺到你的傲慢、離群。有些人還會認為你瞧不起人，不喜歡與他們相處，甚至討厭他們。

心理學家曾針對人際關係中的親密與疏遠的程度做了一項調查，得出了一個結論：

男性之間一般都比較疏遠；女性之間喜歡保持親密關係；異性之間，若有愛慕之意則關係密切，否則一般較為疏遠。性格孤僻的人，多與人保持疏遠的關係；性格外向的人，多與人保持親密關係。從社會地位來看，地位高的人之間關係較為疏遠，地位低的人關係則較為親密。

人與人之間，只有保持適當的距離，才會有適當的人際關係，我們在人際交往中，也應時刻注意這個問題。保持適當的距離，真誠地提出自己的意見，彼此會更加欣賞，情誼會更加長久。合理掌握與他人的空間距離，會使我們取得意想不到的交際效果。

在非語言溝通中，空間距離可以顯示人們相互間的各種不同關係。我們每個人都生活在一個無形的空間範圍圈內，這個空間範圍圈就是他感到必須與他人保持的間隔範圍。它向一個人提供了自由感、安全感和控制感。在人際交往中，當你無故侵犯或突破另一個人的空間範圍圈時，對方就會感到厭煩、不安，甚至引起惱怒。

就一般而言，交往雙方的人際關係以及所處情境決定著相互間自我空間的範圍。心理學家曾將人際交往中的距離劃為以下四種。

- **親密距離**：其近範圍在約十五公分之內，彼此間可能肌膚相觸，耳鬢廝磨，以至相互能感受到對方的體溫、氣味和氣息；其遠範圍在十五至四十四公分之間，身體上的接觸可能表現為挽臂執手，或促膝談心，仍展現出親密友好的人際關係。這種距離只限於在情感上聯絡密切的人之間使用。在社交場合，大庭廣眾之中，兩個人（尤其是異性）如此貼近，就不太雅觀。在同性別的人之間，往往只限於摯友，彼此十分熟識而隨和，可以不拘小節，無話不談。在異性之間，只限於夫妻和戀人之間。

- **個人距離**：其近範圍為四十六至七十六公分之間，正好能相互親切握手，友好交談；其遠範圍是七十六至一百二十二公分。任何朋友和熟人都可以自由地進入這個空間，陌生人進入這個距離會構成對別人的侵犯。人際交往中，親密距離與個人距離通常都是在非正式社交情境中使用，是與熟人交往的空間。在正式社交場合則使用社交距離。

- **社交距離**：這已超出了親密或熟人的人際關係，而是展現出一種社交性或禮節上的較正式關係。其近範圍為一點二公尺至二點一公尺，一般在工作環境和社交聚會中，人們都保持這種程度的距離；其遠範圍為二點一至三點七公尺，表現為一種更加正式的交往關係。公司的經理們常用一個大而寬闊的辦公桌，並將來訪者的座位放在離桌子一段距離的地方，這樣與來訪者談話時就能保持一定的距離。

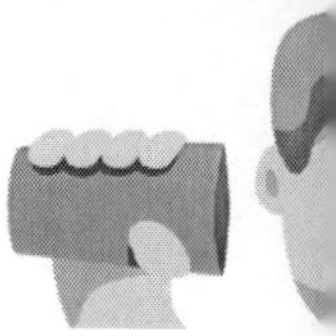

在社交距離範圍內，已經沒有直接的身體接觸。說話時，也要適當提高聲音，需要更充分的目光接觸。如果談話者得不到對方目光的支持，他會有強烈的被忽視、被拒絕的感受。這時，相互間的目光接觸已是交談中不可缺少的感情交流形式了。

■ **公眾距離**：這是公開演講時演說者與聽眾之間所保持的距離。其近範圍為三點七公尺至七點六公尺，遠範圍在七點六公尺之外。人們完全可以對處於空間的其他人裝作沒看到，不予交往，因為相互之間未必發生一定連繫。

在現實生活中，這些距離範圍並不是固定的，尤其是個人距離，是由社會規範和交流者的個性習慣所決定的，也就是說，與人們的種族、年齡、個性、文化、性別、地位和心理素養等有關。因此，在溝通中應根據不同的對象選擇不同的距離。

溝通處方

保持人與人之間的距離，是一種交際藝術。許多人認為只要不是陌生人，就可以保持一種較為親近的關係，還有一些人認為，人與人之間還是疏遠一些較為妥當，這些都不是最佳的相處方法。

傾聽對方的表達

有個人從小國到大國，進貢了三個一模一樣的金人，金碧輝煌，把皇帝高興壞了。可是這小國人不厚道，同時出了一道題：這三個金人哪個最有價值？

皇帝想了許多的辦法，請來珠寶匠檢查，稱重量，看做工，都是一模一樣的。怎麼辦？使者還等著回去匯報呢。泱泱大國，不會連這等小事都不懂吧？最後，有一位老臣說他有辦法。

老臣胸有成竹地拿著三根稻草，插入第一個金人的耳朵裡，這稻草從另一邊耳朵出來了；插入第二個金人的稻草從嘴巴裡直接掉出來了；而插入第三個金人的稻草進去後掉進了肚子，什麼響動也沒有。老臣說：「第三個金人最有價值！」使者默默無語，答案正確。

最有價值的人，不一定是最能說的人。老天給我們兩隻耳朵、一張嘴，本來就是讓我們多聽少說的。善於傾聽，才是成熟的人最基本的素養。

一位美國女作家曾說：「溝通的最高境界就是靜靜地傾聽。」的確，傾聽所表現出的正是一種寬容、謙遜的人格，也展示了對他人的尊重。一個善於傾聽的人，必然是一個對他人充滿敬意、知道尊重他人的人。這樣的人，也是我們願意與之交往的人。

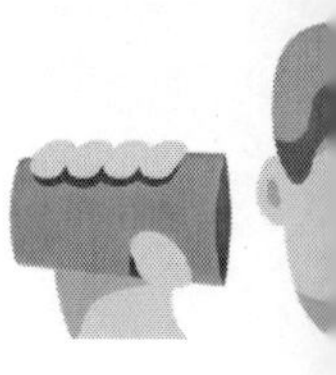

當你認真傾聽客戶的談話時，客戶感覺自己被重視，於是，他們便對你產生了親切感和信任感，感覺你是他們的朋友。所以，正在洽談的生意成交了，已經發生的糾紛平息了。傾聽成為一種潤滑劑，能讓財富更快地流入你的口袋。

當你傾聽別人的傾訴時，給予他貼心的理解和真誠的疏導，他就能振作精神，重新開始奮鬥。我們也將因此獲得更多的友誼，更多的親情，更多的愛，就能更多地了解人生的酸甜苦辣，更多地積累人生的寶貴經驗。每個人的生活經歷不同，都有值得總結的成功經驗，也有值得吸取的失敗教訓。我們可以從他人的傾訴中提醒自己的言行，避開前進中的荊棘。

只有善於傾聽的人，才會從別人失敗的經驗中不斷地吸取經驗，加快趨向成功的步伐。對於這樣的人，成功路上的艱辛會減少許多。在傾聽的過程中，要取別人所長，補自己所短。

有的人認為自己聽見了就是在傾聽，那是不準確的，因為傾聽不是一般意義上的聽。聽對方說出來的內容，只是常規意義上的聽。有效傾聽則是要聽出對方說話背後的真心，明白說話人的真正思想才是最重要的。

人與人之間都需要溝通、交流、協作、共事。一個人善不善於傾聽，不僅展現著他的修養水準，還關係到他能否與其他人建立起一種正常和諧的人際關係。

辦公室裡，向別人傾訴、要別人傾聽的，並不全是那種絮絮叨叨的同事。其中，還有和我們關係很好，把我們當作朋友的同事。我們的傾聽，能使他們心中充滿陽光和愛意，從而有益於雙方的友誼。

傾聽可以幫助他人減輕心理壓力。相信大家都有這樣的體會，每當我們遭遇逆境時，總是會有找個朋友一吐為快的想法。科學研究證明，對於焦慮、失望、難過等心情，認真：有效的傾聽往往能夠在不經意間發揮有效緩解的作用。

美國內戰初期，當時的總統林肯曾陷入危機四伏的境地，他的心情自然沉重無比。於是，他找來了他的老朋友，向他傾訴自己的心事。當老朋友離開時，林肯的心情已經舒暢多了。因此，當有朋友來找我們傾訴時，我們一定不要拒絕，否則我們很可能會與好友產生隔閡。相反，如果我們能夠認真地傾聽朋友的心事，並盡力幫助他們，那麼彼此之間的感情無疑會更上一層樓。

那麼，傾聽是不是就意味著坐在那裡聽對方說個不停呢？答案無疑是否定的。俗話說：「會說的不如會聽的。」這裡的「會」字，就表示傾聽也有技巧。

聽人說話時，必須全神貫注、專心致志。只有這樣，我們才能夠緊跟對方的思路，發現對方的真實想法，從而在交流時做到有的放矢。同樣，心不在焉、東張西望的傾聽

不僅是對他人的不尊重，而且很容易使我們漏掉某些內容，從而造成雙方溝通障礙，甚至引起對方反感，影響雙方的交往。

通常情況下，即使我們對他人的話題不感興趣，我們也應該出於禮貌洗耳恭聽，尤其是對方談興正濃時，我們更要耐心地聽下去。當然了，如果對方的話題太過無聊，甚至令人難以忍受，我們也可以對其做出暗示。對方如果識趣，也一定會中止話題或改變話題。需要注意的是，在任何情況下，我們都不能流露出厭煩的神色，以免影響雙方交往。即使我們不想與對方交往，但這樣做起碼對我們沒有害處。

無論對方說得對錯與否，我們都應該在對方說完之後再發表自己的意見，絕對不可以中途插嘴，一吐為快。當對方因為思路中斷或知識有限無法繼續說下去時，我們還應該適時提醒，以免對方尷尬。與此相反，隨意打斷他人、任意發表意見或者嘲笑對方都是極為失禮的表現，其結果也只能是引人反感、被人討厭。

溝通處方

傾聽所表現出的正是一種寬容、謙遜的人格，也展示了對他人的尊重。一個善於傾聽的人，必然是一個對他人充滿敬意、知道尊重他人的人。這樣的人，也是我們願意與之交往的人。

運用觸摸溝通

一個年輕人感到生活難於應付，打算回到老家，隨行的行囊裡只有最簡單的衣物，還有一兜子擺脫不掉的麻煩。

在離開之前，這個年輕人做了一件事。他找到一塊紙板，高舉著它，站在這座城市最繁華的十字路口。紙板上寫著：自由擁抱！

半小時後，一個女人走了過來。這個女人對他說，那天早上，她的寵物狗死了，而且同一天正好是她獨生女的一週年忌日。在感到最孤獨的這個時候，她需要一個擁抱。

於是，他們擁抱，並在那一刻露出了微笑。

觸摸是一種無聲的語言，是非語言溝通交流的特殊形式，是人際溝通中最親密的動作，包括撫摸、握手、依偎、攙扶、擁抱等。觸摸能增進人們的相互關係。它是用以補充語言溝通及向他人表示關心、體貼、理解、安慰和支持等情感的一種重要方式。

觸摸行為也是一種溝通方式，能發揮比言語更為有效的效果。

觸摸也應得當。它是一種表達非常個體化的行為，其影響因素有性別、社會文化背景、觸摸的形式、雙方的關係及不同國家民族的禮節規範和交往習慣等。比如，在西方社會中，熟人相見親吻擁抱是習以為常的事情，但在東方社會中，這種行為方式常被視

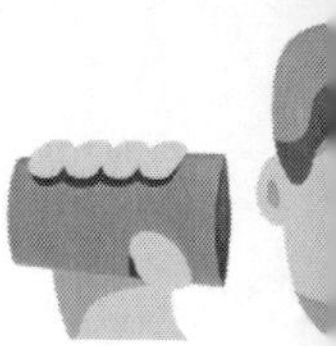

為不端或有傷風俗。因此，在運用觸摸時，應保持敏感與謹慎，尊重習俗，注意分寸，尤其是年齡相近的異性間，應避免誤會。

觸摸是人際溝通中最有力的方式之一，因為每個人都有被觸摸的需求。心理學的研究顯示，人們不僅對舒適的觸摸感到愉快，而且會對觸摸對象產生情感依戀。如果你談過戀愛，你會發現，你和戀人關係的進步往往取決於身體接觸的一瞬間，哪怕是牽手的一瞬間，你們的情感也會發生質的變化。

每一個個體都有被觸摸的需求，這是一種本能。嬰兒接觸溫暖、鬆軟物體感到愉快，喜歡擁抱、撫摸。比如，觸摸孩子的頭、手等能滿足他們對愛的需求，可以轉移其注意力，能給他們安全感、信任感，消除他們的恐懼心理。

觸摸行為，能夠傳遞出各種不同的資訊。

■ **傳遞情緒資訊**：心理學專家研究發現，觸摸能夠傳送五種不同的情緒：漠不關心、母親般的照顧、害怕、生氣和鬧著玩。另一項研究發現，大部分的人在向另一個人致意和說「再見」時，都使用觸摸，而長久分別時的觸摸（如握手、擁抱等）更為強烈些，使分別更富於情感。一個人觸摸另一個人的肩膀，意思就是：「不要感覺這個討論是一種威脅」，或者可能是：「這真的很重要」。

■ **傳遞地位資訊**：一般來說，主動觸摸對方的人往往是地位較高的人，而且兩人之間沒有障礙和矛盾。所以，在日常交流中，大多是教授、老闆、大人主動觸摸學生、雇員、小孩。通常，地位低的人往往希望得到地位高的人的觸摸。具有支配性個性的人或者企圖顯示這種支配性的人，往往主動採取觸摸行為。

溝通處方
觸摸能增進人們的相互關係。它是以補充語言溝通及向他人表示關心、體貼、理解、安慰和支持等情感的一種重要方式。

表情語言也可以交流

有一次，兩個朋友乘車外出，其中一個很自信地說：「我不用說話，也不要有什麼行動，就可以使坐在對面的這位女士讓座位給我。」

說完，他便開始凝視對面那位年輕女士的眼睛。開始，那位女士回頭看了一眼那位朋友，好像沒注意。他還是一直盯著那位女士的眼睛。果然，那位女士站了起來走向後面，把位子讓給了他。

表情語言是人的情緒變化的溫度計，許多心理學家的反覆試驗，已經無可置辯地證明，人們的情緒變化，往往在面部上都有所表現。

當人們情緒欠佳或心懷不滿時，身軀往往靜止不動，臉上表情木然，臉部肌肉動作往下；當人們心情愉快時，往往表現出活潑好動、喜形於色，甚至手舞足蹈，臉上的肌肉動作向上；當人們專心致志地思考某一問題時，往往嘴巴緊閉，身體前傾，眉毛緊鎖；當人們在對某一事物表示不以為然和輕蔑時，往往腦袋稍偏，嘴角斜翹，鼻子上挑；當人們感到詫異和吃驚時，往往口張大，眼瞪大，眉挑高……

人的表情語言是人的心理活動的反映，人們往往有什麼樣的心理活動，就會產生什麼樣的面部表情。當我們能夠靈活、積極地利用各種豐富的表情與人交流時，就會使自己的魅力大增。

在表情語言中，以下兩種最為常見：

■ **笑容語**：笑容也是一種很重要的肢體語言。笑是交際活動中很好的潤滑劑，可以迅速縮短交際雙方的心理距離，展現人與人之間融洽的關係。在談話時我們不但要注意笑的作用，還應當力求善於笑。

要注意選擇笑的時機、場合、話題，該笑的時候笑，不該笑的時候就不能笑。在歡慶的場合，在輕鬆的氣氛中，在誠懇坦率的交談中，應該笑；但在談起不見好轉的病情、與去世的家屬談話、說起工作中的重大失誤和損失等不愉快的事情時，就不能面帶笑容。

在日常生活的談話中，笑容主要是根據交談者的關係、談話的內容以及談話者的性格、習慣等自然展現出來的。

在談話中，一般要以微笑為基調。微笑是一種恰到好處的可控性的笑容，它使人覺得和藹、可親、文明，是儀表的一個構成要素。微笑時面部肌肉容易控制，可以較長時間地維持笑容。笑的時候應該自然大方，得體適度。那種咧嘴齜牙的笑、嘻笑逢迎的笑、擠眉弄眼的笑、忸忸怩怩的笑，都會給人一種不愉快的感覺和不良的印象。

笑容也反映了一個人的文化修養水準。每一個人都需要不斷提高文化情操的修養，使笑容反映出美好的心靈。只有發自內心的笑才能感染對方，產生呼應，嘲笑、冷笑、幸災樂禍的笑都是應該盡量避免的。

■ **目光語**：目光是一種更含蓄、更微妙、更有力的語言。確實，眼睛是人體發射資訊最主要的器官。目光持續的時間、眼睛的開閉、瞬間的瞇眼以及其他許多細小的變化和動作都能發出資訊。眼睛傳遞的資訊最豐富、最複雜、最微妙。

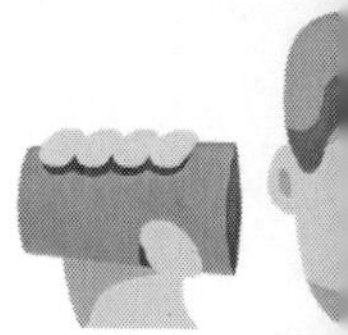

合理地運用眼神來與人溝通交流，通常有以下三種方式：

・**環顧**：環顧是指視線有意識地自然流轉，觀察全場。環顧多用在有較多聽話的人的場合。運用環顧可以同所有聽話者保持眼睛的接觸，使每個聽話者都感到你看到了他，你在和他說話，從而增強相互之間的感情連繫，提高他們參與談話的興致。同時，這種方法還可以使說話人透過多角度的接觸，比較全面地了解聽眾的心理反應，以隨時調整自己的話題。當然，環顧要自然適度，速度應適當放慢，不能說話時眼神總是頻繁亂轉，那樣會分散聽眾的注意力，還會使人感到你心不在焉、目空一切。

・**專注**：專注是指目光注視著對方，在有較多聽眾的場合，可把目光較長時間地停在某一個人臉上，然後再變為抽象注視對象。說話人和聽話人目光對視可以產生感情和情緒微妙交流的作用，有助於了解對方的心理及其變化。目光專注還表現出對對方的尊重、對所說內容的重視。不能在說話時隨便東瞧西看，做一些無意義的小動作，那樣會使人覺得你是心不在焉，敷衍搪塞。不能在說話時總是望著天花板或是看著地面，那樣會使人覺得你對談話沒有興趣，或是小裡小氣不大方。也不能不斷地看錶，這樣會使對方覺得你對談話不耐煩，希望他趕快住口。

當然，目光專注也不能死盯著對方，對不熟悉的人或年輕女性更不應如此，那樣會被人認為很不禮貌。

・**虛視**：虛視是指目光似視非視，好像在看著什麼地方、什麼聽眾，但實際上什麼也沒看。這種目光一般適用於和較多的人談話的場合。虛視的範圍一般在聽眾的中部或後部。虛視可以穿插於環顧、專注之間，用以調整、消除環顧所帶來的飄忽感和專注可能帶來的呆板感。「視而不見」的虛視還可以消除說話人的緊張心理，幫助說話人集中精神思考講話的內容。在運用眼神時，要增強自覺的控制能力，要使眼神的變化有一定的目的，表現一定的內容。熱情誠懇的目光使人感到親切，平靜坦誠的目光使人感到穩重，閃耀俏皮的目光使人感到幽默，冷淡虛偽的目光使人不悅，咄咄逼人的目光則使人不寒而慄。

溝通處方

人的表情語言是人的心理活動的反映，人們往往有什麼樣的心理活動，就會產生什麼樣的面部表情。當我們能夠靈活、積極地利用各種豐富的表情與人交流時，就會使自己的魅力大增。

第八章 職場溝通做到進退有度

職場溝通做到進退有度，才能使上下一心，團結一致，提高工作效率，實現共同的目標，達到雙贏的目的。

溝通實現雙贏

小衛工作的部門正在企劃和組織一項大型活動，其中大量的瑣碎工作需要另一部門來協助。然而，雙方在事前溝通的時候遇到了很多障礙。那個部門的負責人既不給予支援，也不給予支持，而是不斷地訴苦，說自己部門裡本來人手就不夠用，而且現在的工作又很繁雜。

小衛對此很納悶。他想，既然令這位同事這麼為難，那他為什麼又不明確拒絕呢？後來，透過搜集來自協力廠商的資訊，小衛終於搞清楚了，原來那位負責人只是希望自己能夠出現在主辦方的名單裡，僅此而已。

原因找到了，問題也就迎刃而解了。

工作合作過程中，我們經常會遇到各式各樣的障礙。撥開這些障礙所散播的迷霧，我們會發現，其實在很多情況下，是我們並不清楚合作方想的是什麼。如果我們無法滿足對方的需求，就容易使問題複雜化。了解對方的要求，就要善於同對方溝通。

現代工作關係的最佳合作方式就是雙贏，要想達到雙贏，就必須找到所謂的雙贏點，這個點的關鍵就是應知道對方想要的是什麼，也就是把對方想要的作為雙贏點。

每一天甚至每一件事，我們都有跟其他人合作的可能。和諧順暢的合作關係當然是我們所期待的。但是，如果我們覺察到合作中出現了某些問題，就需要高度重視了，因為很可能是合作方想要的東西我們沒有滿足。只有透過溝通，才能了解對方的需求。

人與人之間、同事之間要常溝通資訊，這樣才有利於團結。一個優秀的企業，強調的是團隊的精誠團結、密切合作，因此同事之間的溝通十分重要。同事之間要想溝通好，必須開誠布公、相互尊重。如果不能敞開心扉，藏著掖著，話到嘴邊留半句，那還是達不到溝通的效果。

然而，同事之間最容易形成利益關係，如果對一些小事不能正確對待，就容易形成溝壑。日常交往中我們不妨注意掌握以下幾個方面來融洽關係，建立良好的溝通基礎。

- **以大局為重，多補臺少拆臺**：同事之間由於工作關係而走在一起，就要有集體意識，以大局為重，形成利益共同體。特別是在與外單位人員接觸時，要具有「團隊形象」的觀念，多補臺少拆臺；不要為自身小利而損害集體大利，最好「家醜不外揚」。
- **對待分歧，求大同存小異**：同事之間由於經歷、立場等方面的差異，對同一個問題往往會產生不同的看法，引起一些爭論，一不小心就容易傷和氣。因此，與同事有意見分歧時，首先不要過分爭論。客觀上，人接受新觀點需要一個過程，主觀上往

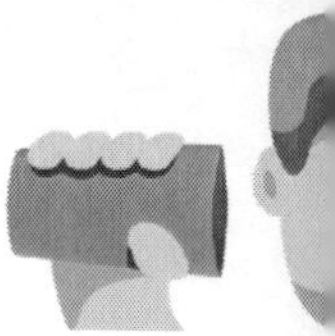

往還伴有「好面子」、「好爭強奪勝」等心理，彼此之間誰也難服誰，此時如果過分爭論，就容易激化矛盾而影響團結。面對問題，特別是在發生分歧時要努力尋找共同點，爭取求大同存小異。實在不能一致時，不妨冷處理，表明「我無法接受你們的觀點，我保留我的意見」，讓爭論淡化，同時不失自己的立場。

- **在發生矛盾時，寬容忍讓**：同事之間經常會出現一些碰撞摩擦，如果不及時妥善處理，就會形成大矛盾。俗話說，冤家宜解不宜結。在與同事發生矛盾時，要主動忍讓，從自身找原因，換位為他人多想想，避免矛盾激化。如果已經形成矛盾，自己又的確不對，要放下面子，學會道歉，以誠心感人。退一步海闊天空，如有一方主動打破僵局，就會發現彼此之間並沒有什麼大不了的隔閡。

溝通處方

現代工作關係的最佳合作方式就是雙贏，要想達到雙方的雙贏，就必須找到所謂的雙贏點，這個點的關鍵就是首先知道對方想要的是什麼，也就是把對方想要的作為雙贏點。

會說話得到上司賞識

春秋時期，楚莊王的一匹愛馬死了。他非常傷心，下令以上等棺木裝殮，行大夫禮節厚葬。文臣武將紛紛勸阻，卻無濟於事。最後，楚莊王說：「誰敢再勸阻，我就殺死他。」

優孟知道後，直入宮門，仰天大哭。楚莊王不知道他葫蘆裡賣的什麼藥，迫不及待地問是怎麼回事。

優孟說：「這匹死去的馬是大王最喜歡的。楚國堂堂大國，卻要以大夫的禮節安葬牠，太寒酸了。」

莊王聽到優孟不像群臣那樣勸諫，而是支持他的主張，不覺喜上心頭，很高興地問：「照卿看來，應該怎樣辦才好呢？」

「依我看來，請用君王的禮節吧！」優孟清了清嗓子，繼續說，「請以美玉雕成棺，派士兵挖掘墓穴，使老少都參加挑土修墓，齊王、趙王陪祭在前面，韓王、魏王護衛在後面，用牛羊豬來隆重祭祀，給馬，建廟，封牠萬戶城邑，將稅收作為每年祭馬的費用。」

接著，優孟話鋒一轉，委婉地指出了楚莊王隆重葬馬之害：「讓各國使節共同舉哀，以最高的禮儀祭祀牠。讓各國諸侯聽到後，都知道大王以人為賤而以馬為貴啊。」

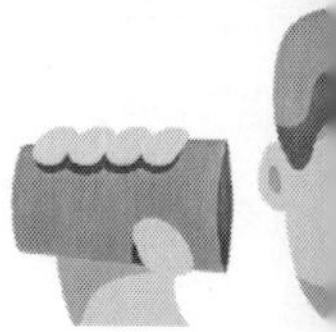

此語確是點到了楚莊王的要害。莊王恍然大悟，趕緊請教優孟如何彌補自己的過失。

優孟說：「請大王用葬六畜的辦法來葬馬，把牠葬在人的肚腸裡。」

於是，楚莊王聽從了優孟的勸諫，派人把馬交給掌管廚房的人去處理，並向大家強調，不要將此事傳揚出去。

優孟因侍從楚莊王多年，熟知其性情，知道此時無論是忠言直諫還是強行硬諫，都很難奏效。以優孟地位之微，如果直陳利弊、凜然赴義，固然令人肅然起敬。但他的正話反說，從稱讚、禮頌楚莊王「貴馬」精神的後面，對比分明地引出了楚莊王「賤人」的行為，楚莊王也就清醒地認知到了自己的錯誤所在。

在別人都反對楚莊王的情況下，優孟先表示贊同，就很容易博得楚莊王的認同，覺得優孟跟自己是站在一起的，認為優孟是為自己說話，不像其他人張嘴閉嘴都是些仁義道理，明顯是在拿著尺規責備自己的行為。在感情上獲得支持之後，優孟又巧妙地用了誇大的手法，貌似給楚莊王提怎麼更好地葬這匹馬的建議，實際上是用了反諷，讓楚莊王意識到自己的決定有多麼不合適，讓他自己醒悟過來，自然也就達到了勸解的目的。

先順著對方的意思說，穩住人心，然後再逐漸深入，引出對方能接受的道理，這樣對方就能明白自己的錯誤，並能接受別人的建議。

面對上司時，很多人往往覺得不知所措，總是擔心說錯話給自己帶來麻煩。其實大可不必，面對上司時，只要掌握好說話的技巧和分寸，就很容易贏得上司的重視和青睞。

面對上司時，態度上要不卑不亢。對上級當然要表示尊重，但是絕不要採取低三下四的態度。絕大多數有見識的領導者，對那種一味奉承、隨聲附和的人是不會予以重視的。在保持獨立人格的前提下，你應採取不卑不亢的態度。

根據上級的個性來考慮談話方式。上級固然是領導者，但他首先是一個人。作為一個人，他有他的性格、愛好，也有他的語言習慣。比如，有些人性格爽快、乾脆，有些人則沉默寡言，事事多加思考。

一些讓上司不高興、下不來臺的話最好不要說。對上司說「這事你不知道？」「那事我早就知道了！」這些明顯帶有蔑視的話，會對上司造成很大的傷害。「我想這事很難辦！」這話也不要隨便說。一方面顯得自己在推卸責任，另一方面也顯得上司沒有遠見，會讓上司臉面上過不去。

有些話很難直接說出來，為了避免尷尬，可以從反面說起，反面的話稍加引申，就能走到正面了。反語是語言藝術中的迂迴術，是更為極端的迂迴術。正話反說便是以徹底的委婉，欲擒故縱，取得合適的發話角度，達到比直言陳說更為有效的說服效果。

大多數人都認為，只要自己表現好，工作好，遲早會傳到上司耳中。可惜情況不是這樣，可能你工作相當出色，而上司根本不知道。因此，我們不僅要做得好，也要能說得好，這樣才能得到上司的賞識。

溝通處方

面對上司時，很多人往往覺得不知所措，總是擔心說錯話給自己帶來麻煩。其實大不可不必，面對上司時，只要掌握好說話的技巧和分寸，就很容易贏得上司的重視和青睞。

掌握好責備下屬的分寸

「小劉，你到我辦公室來一趟！」銷售部經理「啪」的一聲掛了電話，讓剛剛和同事還有說有笑的小劉一下子心驚膽戰，硬著頭皮走進了經理辦公室。

「你這個月的銷售成績怎麼這麼差啊？你看看人家小馬，剛來兩個月銷售業績就飆到本月第一名了。你以為我能讓你拿這麼多的薪水，我就不能讓別人拿得比你更高嗎？再這樣下去，你這個銷售冠軍還能坐多久？」還沒等小劉開口，坐在老闆椅上的經理就一頓連珠炮般地轟炸，順便把一疊厚厚的報表扔在小劉面前。

掌握好責備下屬的分寸

「經理，我……我有我的解釋。」小劉本想趁這個機會就此事與經理正面溝通。

「你別說了，你回去好好反省吧。我再給你一個月的機會，要是下個月你的業績還不能提升，那我就要扣你年終獎金了。好了，你先出去吧。」經理不耐煩地擺手示意欲言又止的小劉出去。

滿臉委屈的小劉無奈地走出經理辦公室，回想經理那咄咄逼人的架勢，心裡越發怒火中燒。自己從公司創業到現在一直風雨無阻、任勞任怨地開發新客戶、鞏固老客戶，拓展了公司近三分之一的現有市場。客戶的投訴率一直保持在全公司最低，年年被評為優秀員工。

這個月，小劉被經理分派到剛開發的新市場，客戶數量不多，但與前期相比正以百分之十的速度擴充。再加上本月由於公司總部發貨不及時，很多客戶臨時取消了訂貨單，銷售額與成熟市場當然無法相比。而小馬是新員工，一開始就被安排到原有的老市場，客戶源穩定充足，客戶關係網堅固牢靠，形勢大好，自然豐收在即。小劉覺得經理只看數字不問事實，心裡自然覺得委屈。

在案例中，經理始終沒有掌握好責備的分寸，而是站在一個家長式的角度，指手畫腳、態度蠻橫，不容下屬解釋就以純粹的業績量輕率地對下屬評價。

身為一名領導者，經常會面對一些較為棘手的問題。責罵是管理的有效方式之一，

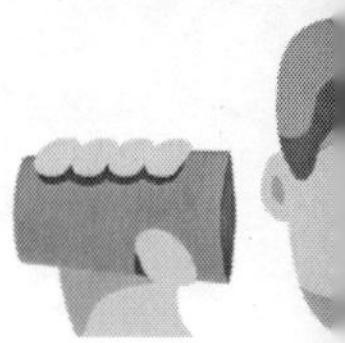

然而責罵也有其方法和技巧。很多領導者的責罵聽起來很中聽，下屬即使心理難過，可還是會感謝對方的善意。這就是因為他們的責罵講究了分寸、掌握了分寸，使責罵聽起來不那麼刺耳。

如果想要使你的責備讓下屬容易接受，那麼你需要掌握以下責罵的原則。

- **責備要具體**：沒有人願意接受不明不白的責備，所以管理者在對下屬責備時一定要具體。管理者要讓下屬明白是什麼事情需要責備，責備的原因又是什麼。在責備時，管理者最好能與下屬一起分析事情的原因。有時，下屬會強調是由於其他客觀因素造成的後果，與他本人無關。遇到這種情況，管理者不應一概否定下屬的觀點，應該從多方面幫助下屬認真分析，讓下屬弄清楚問題的關鍵在什麼地方。
- **責備要善意**：如果管理者的責備不是善意的，那麼責罵只會成為下屬與管理者衝突的導火索。真誠往往最能夠打動人。誰願意犯錯誤呢？特別是當事人內心已經很自責時，他們更加需要別人的理解和說明。
- **責罵要公正**：在責罵之前，管理者最好能夠對事件的過程認真而細緻的調查。為了防止萬一，在責罵下屬之前，應該讓下屬仔細地再將事情的經過複述一遍，並讓他談談個人的看法。有時，你會透過下屬的談話發現一些你以前可能沒有注意到的問題。如果這些問題沒有得到解決，就不應該急於對下屬責罵。另外，當事件涉及幾位下屬的時候。管理者應注意對相關的下屬都要有相應的責備，而不是僅僅責備其中的一位。如果責備有失公平、公正，會引起下屬的強烈不滿，甚至會產生對管理者的不信任。

■ **責備要及時**：在發現下屬有錯誤時，要掌握速戰速決的分寸，立即採取行動，隨時發現，隨時責備，不要拖延，如果不這樣做，下屬就會想：「我一直都是這樣做的，怎麼你過去就沒有責罵我呢？」這容易讓對方產生種種猜測，以為是另有原因，以致產生不必要的隔閡，而為以後的工作帶來阻力。

■ **責備要因人而異**：如果知道某個下屬的性格較為衝動，就不要過分責備他，而應該心平氣和、語重心長。如果有的下屬性格溫和穩重，則可以順應他的性格，娓娓道來。一句話，就是你的責備方式應該盡量迎合溝通對象，與他合拍。一個很自卑的人犯錯時，我們給予適當的安慰會勝過千言萬語，因為他本身已經非常自責了；對於一個很愛面子的人，我們一邊責備一邊給其臺階下，他會及時糾正自己的失誤；而對於一個心服口不服的人，我們沒有必要死抓不放，重要的還是看他的行動。

- **責備要點到為止**：妙語精言，不以多為貴。責備人時話不在多，而在精妙。言語精練，往往能一語中的，使聽者在短時間裡獲得較多的資訊。一語道破，使對方為之震動，幡然醒悟。如果拖泥帶水、東扯西扯，會讓人不得要領，就達不到責備的目的了，也會讓人覺得自己沒有受到尊重。

溝通處方

很多領導者的責備聽起來很中聽，下屬即使心理難過，可還是會感激對方的善意。這就是因為他們的責備掌握了分寸，使責備聽起來不那麼刺耳。

忠言可以不必逆耳

在柯立芝（John Calvin Coolidge）任美國總統期間，他有一位漂亮的女祕書，人雖長得不錯，但工作時卻經常出錯。

一天早上，看到這位祕書走進辦公室，柯立芝對她說：「今天，妳穿的這身衣服真漂亮，正適合妳這樣年輕漂亮的小姐。」

柯立芝的話讓祕書受寵若驚。

接著，柯立芝說：「但是，妳也不要驕傲。我相信，妳的公文也能處理得和妳的人一樣漂亮。」

從那天起，女祕書在工作中就很少出錯了。

一位朋友知道了這件事，就問柯立芝：「這個方法很妙，你是怎麼想出來的？」柯立芝說：「這很簡單，你看見過理髮師給人刮鬍子嗎？他要先給人塗肥皂水，為什麼呢？就是為了刮起來使人不痛。」

忠言不必逆耳，良藥不必苦口。人們津津樂道的逆耳忠言、苦口良藥，其實都是笨人的方法。硬碰硬有什麼好處呢？說的人生氣，聽的人上火，最後傷了和氣，好心換來了冷漠，友誼變成了仇恨。所以，有些話不能直接說，尤其是逆耳的忠告。當需要指出別人錯誤的時候，不妨拐一個彎，用含蓄的方式來告訴對方，曲折地表達自己的意見和建議。先表揚後責備就是一個很好的迂迴之策。

我們在勸慰和責罵別人的時候，總是要加上一句「忠言逆耳」，好像除了傷害別人才能幫助他之外我們無計可施。其實，即使是責備，也可以用動聽的話，用巧妙的方法，並不一定非得「逆耳」，這就要看你高超的口才技巧了。俗話說，好語一句三冬暖，惡語相向六月寒。好聽的話，總是易於被人接受；而逆耳的話，總是引起人的反感，這是人之常情。誰不喜歡聽悅耳動聽的話呢？

指責別人的錯誤時，要注意說話的方式，在不傷及他人面子的條件下，提出自己的意見或勸告，在溫和的氣氛中收到良好的效果。

用意非常明顯的責罵總是讓人不愉快的。那麼何不把責備轉化為一種建議呢？這樣既能避免對方的反感情緒，又能向對方傳達自己的善意。

責罵不能不顧時間、場合以及對方的性格、心理，就直截了當、劈頭蓋臉、冷言冷語，這樣根本達不到責備的目的，甚至有人即使意識到自己的錯誤也會被你的態度激怒，從而強詞奪理、拂袖而去，弄得不歡而散。而責備之後再做安慰，就猶如打一巴掌揉三揉，疼痛會減輕很多，對方難過的心情也會得到緩解。下次想要責備別人的時候可以試試看，這種「軟硬兼施」的策略將會非常有效。

如果別人的不足和過失沒有那麼嚴重，完全沒有必要一本正經地責備，你完全可以把這種「指出缺點」的事情變成「鼓勵優點」的好事。

把「怎麼搞的?你就不能再小心點嘛!」變成「很好!你做得比以前進步多了!」把「你又把菸灰到處亂彈!我都說你無數次了!」變成「你有一次把菸灰倒進菸灰缸裡，我覺得那天我連桌子都不用擦了，好乾淨。繼續努力哦!」

被責罵的人在反駁責罵的時候經常會說「你站著說話不腰疼」，意思就是說：我的處境你沒有經歷過，所以你不理解我的感受，換成是你，你還不一定做得比我好呢。這是十分常見的心理。對此，我們可以讓自己設身處地站在對方的立場上來說話，這樣的責備顯得非常有人情味，讓人有被理解的感覺，也更容易接受責備。

對一些自尊心較強的人，不適合直接責備，那就暗示，即不直接挑明事情的端倪，委婉地對對方的缺點、不足責備的方式。適時採用這種責備方式，常常能收到「潤物細無聲」的效果。暗示有益於保護員工的自尊心，運用得當定能收到良好的效果。

對需要責備的一方，要講道理、分析利弊、動之以情、曉之以理、循循善誘，使對方能從內心裡認知到自己的錯誤。

溝通處方

有些話不能直接說，尤其是逆耳的忠告。當需要指出別人錯誤的時候，不妨拐一個彎，用含蓄的方式來告訴對方，曲折地表達自己的意見和建議。先表揚後責備就是一個很好的迂迴之策。

不失謙虛地面對表揚

一家公司來了一批大學生，在新員工座談會上，主管希望新來的畢業生們，在見習期內能夠結合自己的工作對公司多提意見和建議。

其中有一位學管理專業的同學小章，非常積極地回應了主管的號召，不到一個月時間，就結合自己所學的專業，寫出了一份洋洋萬言的建議書，從部門設置、工作流程、作息時間等很多方面，找出不少「毛病」，並提出了改進意見。之後，主管在大會上好好表揚了他。

他認為自己是本科系出身，在管理理論上比別人懂得多。在以後的工作中，他壯志滿懷、鋒芒畢露，而周圍的同事卻對他敬而遠之。漸漸地，他失去了好人緣，而他在建議中提到的問題並沒有什麼改變。

為此，他很苦惱，見習轉正後不久就辭職離開了單位。

所謂「當局者迷，旁觀者清」。從小章的經歷中，我們可以得到這樣的啟示：職場上為人處世一定要謙虛，不可自以為是、鋒芒畢露，不要不分場合地過分顯示自己。

在週一例會上，經理說：「今天把你們叫來主要是講講我這次出差去日本的事。這次我很高興，董事長在會上對我寫的那份全能產品可行性分析報告給予了很高的評價，這是我們整個公司的榮譽嘛。」

小蔣小聲嘀咕道：「那報告不是我寫的嗎？怎麼成了他寫的了？」

經理接著說：「在這裡我要表揚一下小蔣，他交的報告內容很好。不過，同時我還要批評他，報告內容雖然不錯，但格式太差了，看起來完全沒有經過修飾，這樣的報告一看就很沒水準。」

小蔣忍不住說：「經理，您這是要表揚我還是要批評我呀？經理，我能問個問題嗎？您認為一份好的報告到底是格式重要還是內容重要呢？」

經理回答說：「都很重要，但格式更重要。你們想想，小蔣的那份報告，如果沒有經過我對格式的認真加工和修飾，能得到董事長的表揚嗎？」

祕書插言：「顯然不能，因為小蔣根本沒機會見到董事長。」

經理高興地說：「所以說嘛，如果沒有我去向董事長彙報，哪裡會有人知道這份報告的存在。所以，這份報告的成功主要是我對格式的掌握比較到位和我向董事長彙報的功勞。」

小蔣說：「可是，要沒我寫的這份報告，你哪來的格式的掌握，拿什麼去彙報呢？」

聽小蔣這樣說，經理不高興地說：「有些人就是這個樣子，剛剛有了一點成績就翹尾巴、爭功勞。這可是不對的，知不知道？這樣是沒有辦法進步的。想當初，我為公司

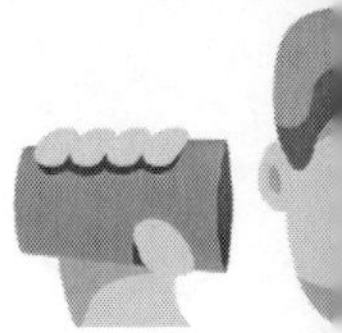

做了多少事，創下了多少業績，給你們講過沒有？我曾說過那麼多遍，難道你們都忘了嗎？我和你們說過我驕傲了沒有，我自滿了沒有？從來沒有吧？所以說嘛，謙虛使人進步，驕傲使人落後。小蔣這麼容易驕傲自滿，我想表揚你都不行，我批評你也是為了你好，不然你怎麼能有更大的進步呢？你明白嗎？好了，大家記著以後寫報告時要好好掌握格式，都聽明白了吧？」

職場中，如果你很優秀，當然會得到許多表揚。面對這些讚揚該怎麼對待，確實是一件不好掌握的事情。

謙虛是做人的優點，展現著品格的高尚，謙虛的人總有好人緣。在職場上，我們常常會遇到這樣一些人，他們往往才華橫溢，充滿抱負和追求，喜歡表現自己，生怕自己的能力不為人所知，而且會顯示自己不同於常人的優越感，希望因此得到同事們的欽佩和尊重，但結果常常事與願違。

其實，每個人的聰明才智都差不了太多。要想在職場上成為優秀的一員，做法很簡單，就是謙虛待人、誠心待事，腳踏實地地贏得認可，從而取得做人和做事的成功。

謙虛的人會給人以親切感，更容易取得別人的信賴，加上實際工作中表現出來的能力，就會贏得別人的尊重。

職場上學會對自己的成績輕描淡寫，「才美不外見」有時比表現自己的強大更為重要。謙虛的人能夠給別人一種心理上的平衡，不至於讓別人感到卑下和失落。

謙虛甚至可以讓你的潛在對手感到自己的高貴與強大，由此產生他希望獲得的優越感。這種優越感，往往會給謙虛的人潛心做事掃除阻力，形成良好的外部氛圍，可以在別人的「忽視」中一步一個腳印地前進。

溝通處方

在職場上，我們常常會遇到這樣一些人，他們往往才華橫溢，充滿抱負和追求，喜歡表現自己，生怕自己的能力不為人所知，而且會顯示自己不同於常人的優越感，希望因此得到同事們的欽佩和尊重，但結果常常事與願違。

從領導者的角度看問題

關鵬是一家知名軟體公司的銷售總監。他的頂頭上司王總是技術出身的，由於工作重點長期落在研究和開發領域，對銷售一知半解，但卻經常隨便地插手銷售部的事。礙著面子的關鵬哪怕王總指揮錯了，也順從地去做。

不久，銷售部的體系被折騰得亂七八糟，銷售業績也一跌再跌。一時間，高層責備，屬下埋怨，讓圈子裡曾經赫赫有名的銷售大王關鵬頭暈眼花，有苦說不出。並且，他還無法與主管說明白。

關鵬經過思考，決定採用兼併策略，就是用自己的銷售智慧把不懂銷售的王總給兼併了，讓王總在銷售方面跟著自己的思路走。為了照顧王總的面子，關鵬首先把過去的失敗寫成總結，並檢討自己過於懶散，不夠努力；然後提出挽救和解決的捷徑。為了得到王總支持，他還特意列舉了現在的市場背景以及同行業公司的成功案例。

同時，他主動出擊，就是在王總還沒有開始指揮的時候，就把處理事情的幾種方式路徑，每一種方式和路徑的利弊等都詳細列出後，去虛心地請教王總。王總再不懂銷售，也知道應採用成本最少賺錢最多的那套銷售方案。

成功「兼併」了王總的關鵬，在銷售方面因為業績的持續攀升，而得到了董事會的認可與讚賞。王總也漸漸地退後，把更多的時間用在自己的專業以及人事、財務的管理上，企業的不穩定因素完全得到了控制，公司運營進入了高速發展狀態，關鵬的各項工作順風順水，漸入佳境。

從關鵬的經歷中我們可以得到很好的啟發：「兼併」領導者的立場，的確不失為與不懂裝懂的上司溝通的上等策略。首先，它沒有排斥上司的觀點，而是站在上司的立場上，最終是為了維護上司的權威，出發點是善意和良性的。其次，為了更有效地說服上司，關鵬針對實際問題，多陳述事實材料和資料，讓事實出來說話，然後對其展開「順水推舟」的提醒和說服，進而達到說服效果。這些既是對工作盡職盡責、兢兢業業的表現，又是對上司的愛護。

這種策略是一種溫和的方式，能夠充分照顧到上司的面子和自尊，易於被上司接受，效率較高。

下級跟上級說話的表現，不只影響上級對你的評價，有時甚至會影響你的工作和前途。可以說，與上司如何相處，這不僅僅是一個人際關係的問題，說得嚴重點，可以說是關係到一個人「安身立命」的大問題。

如何與自己的上司建立融洽的關係，是我們日常溝通的一個重要課題。面對上司，你可能有許許多多的看法，你可能把他看作自己的朋友，也可能把他看作自己的「敵

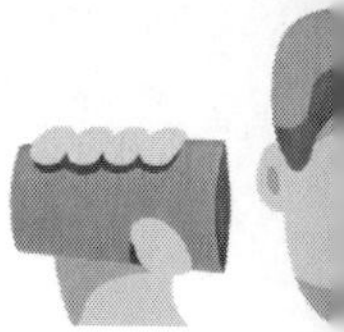

人」。既然如此，倒不如運用你的溝通技巧，請他站到你這一邊，與上司建立良好的人際關係。這樣，你們雙方都會感到很愉快。

好員工往往懂得換位思考，他們善於站在他人的立場上考慮問題，設身處地為上司著想，能夠感受和體諒領導者的苦衷，在必要時還會挺身而出，為上司排憂解難。這樣的員工才能把上司的工作當成自己的工作，願意為工作付出熱情、做出犧牲。

上司喜歡積極主動工作的員工，及時主動彙報工作進度，為上司提供合理的建議，也就是間接地告訴上司：你一直在努力工作。上司不可能面面俱到，必須透過員工才能了解具體的工作情況。

與上司溝通，要使對方能感受到你對他的尊敬。由於每個人看事物的角度不一樣，會產生不同的處理問題的方法。因此，和上司談話要先分析原因，懂得換位思考，站在對方的角度看待問題，多體諒、理解領導者。這不僅有利於工作的順利進行，還能在上司面前樹立良好的形象，得到上司的賞識。

生活中，也不乏這樣的領導者：喜歡插手自己不懂的事情，結果業績被「領導」得一塌糊塗，員工也是敢怒不敢言。到了最後，不僅要收拾爛攤子，還要代上司受責。遇到此種情況，直言犯上顯然不妥，但是也不能置之不理，最好的辦法是在保全上司面子的情況下，制止上司的不當干預，我們不妨主動出擊，想辦法「兼併」上司的立場。

「兼併」上司的立場的確是上等策略，如前文所述，它沒有排斥上司的觀點，而是站在上司的立場上，最終維護了上司的權威。這既是對工作盡職盡責、兢兢業業的表現，也是對上司的愛護，易於被上司接受。在上司還未做出決定之前，我們可以先制定出幾套方案，拿去向上司請教。如果上司感覺你的方案合理，一定會主動放棄自己的想法。與上司溝通，要想上司之所想，體諒上司，善於換位思考才能促進溝通的有效進行。

溝通處方

和上司談話要先分析原因，懂得換位思考，多體諒、理解上司。這不僅有利於工作的順利進行，還能在上司面前樹立良好的形象，得到上司的賞識。

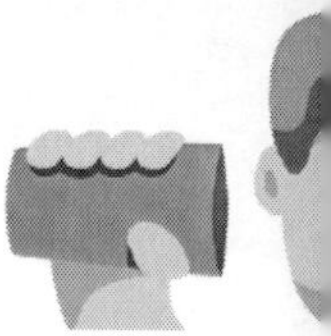

與同事和諧相處

霍斯曼是一位工程師。有一次，他想換裝一個新式的產量指數表。他知道有一個工頭肯定會反對，為此而冥思苦想。

一天下午，霍斯曼拿了一些文件去向那個工頭徵求意見，他腋下還夾著一個新式指數表件。當他們討論文件的有關問題時，霍斯曼不停地把那個指數表從左腋換到右腋，又從右腋換到左腋。

霍斯曼轉移了好幾次，工頭終於開口了：「你拿的是什麼？」

「哦，這不過是一個新的指數表。」霍斯曼漫不經心地回答。

「讓我看一看。」工頭說。

「這個你沒必要看的。」霍斯曼假裝要走的樣子，還說，「這是給別的部門用的，你們部門用不上這種東西。」

「但我很想看一看。」工頭仍然堅持要看。

於是，霍斯曼又故意裝出一副很勉強的樣子，把指數表遞給他。在工頭審視那個指數表的時候，霍斯曼就隨便而又非常詳盡地把指數表的功用講給他聽。

聽後，工頭叫喊起來：「我們部門用不上這東西嗎？哎呀！這正是我早就想要的！」

霍斯曼看似無意的舉動其實是他精心設計的，因為直接提議更換指數表，可能被工頭一口拒絕。對待固執的人如果開門見山，即使磨破嘴皮向他說明新式指數表的優點，工頭也不願意接受。霍斯曼巧妙地運用了欲擒故縱的方法，讓工頭先對新式指數表產生興趣，然後再進一步說明其優劣，最終不動聲色地讓對方主動要求更換指數表。霍斯曼在合適的時機說明了指數表的優勢，從而使工頭自願使用新式的指數表。

在工作中，我們若想尋求同事的幫助，要善於找到合適的理由，使對方在心理上願意接受，而不是苦苦哀求。

身在職場，我們必須面對複雜的人際關係網路，同事之間既互相依賴又互相競爭，實現自己的目標。在既矛盾又統一的合作背景下，與同事之間溝通，就必須開誠布公、相互尊重，同時要注意溝通技巧，要選擇合適的方式，使大家和睦相處，和諧共事。

同事之間交流最多的是工作。為了工作，有爭議也很正常，不過要注意，別把「爭議」演變成「爭吵」。聰明的人知道發脾氣是最愚蠢的行為，因為這不但不能解決問題，反而會使自己成為辦公室裡的「刺蝟」。面對爭議，以柔克剛是聰明人的做法，這樣既不會傷和氣，又能達到共同的目的。失去理智的吵鬧，甚至用言語攻擊對方的做法是缺乏修養的表現。與同事討論工作的原則是：針對事情而不針對人；要用無可辯駁的事實從容鎮定地說服對方。

同事間相處難免會產生誤會，巧妙地化解這些摩擦，也是一項重要的本領。和同事產生誤會後，你首先要做的不是為自己辯解，而是真誠地向對方表明心意，找到問題的癥結，及時解決。發生摩擦的時候，每個人都會有牴觸情緒，這時解釋往往越描越黑，產生反作用，在必要的時候可以請別人幫忙調和。

同事間的誤會，很多是一時的口無遮攔引起的。與同事相處，首先要注意自身的言行，避免因為口誤造成不愉快。如果不小心說話傷了人，一定要及時糾正，避免對方難堪，以免產生隔閡。當然，辦公室也會有些尖酸刻薄之人。我們遇到這種人，不要以硬碰硬，而要巧妙地運用智慧予以反擊，不動聲色地懲罰他們，這更能展現你的修養和氣度。

有的人喜歡對同事評頭論足，這是不成熟的表現，因為每個人都有自己的原則，對別人指手畫腳會招來同事的厭煩。搬弄是非、胡說八道更不可取，這樣的行為不僅不利於團結，而且會嚴重影響工作的順利進行。我們要在辦公室裡營造和睦的氣氛。

與同事相處，話太少不行，人家會認為你不合群、孤僻、不善交往；話多了也不行，容易讓別人反感，而且也容易讓別人誤解，認定你是個烏鴉嘴。所以，說話一定要講分寸，該說的，一定要說，說得到位；不該說的，一定不說，要恰到好處，適時打住。

不管同事怎樣冒犯你，或者你們之間產生什麼矛盾，總之「得饒人處且饒人」，多一句，不如少一句，凡事能夠忍讓一點，日後你有什麼差錯，同事也不會做得太過分。

當你偶然發現某位跟你十分投緣的同事，竟然在你背後四處散播謠言，細數你的不是和缺點，這時你才猛然覺醒，原來平日的喜眉笑目，完全是對方的表面文章。你會痛心地想，跟他一刀兩斷吧。然而，大家是同事關係，你若擺出絕交態度，一定吃虧。別人會以為你主動跟他反目成仇，問題必然出在你身上，這無形中給對方一個藉口去傷害你，這樣做就太不理智了。

更何況，你倆還有合作機會，上司也最不喜歡下屬因私事交惡而影響工作。所以，你應該冷靜地面對，千萬別說出過火的話來，這樣對誰都不利。

「誰人背後無人說，誰人背後不說人。」這話雖然說得有些絕對，卻也說明了一個道理，那就是，大多數人都多多少少地在背後說過別人，只是所說的是好話還是壞話就無從考證了。不過有一點，經常在背後說別人壞話的人，肯定不會是受歡迎的人。

凡是有點頭腦的人，都會自然而然地這麼想：這次你在我面前說別人的壞話，下次你就有可能在別人面前說我的壞話。這樣一來，你在別人的印象中就不可能好到哪裡去。

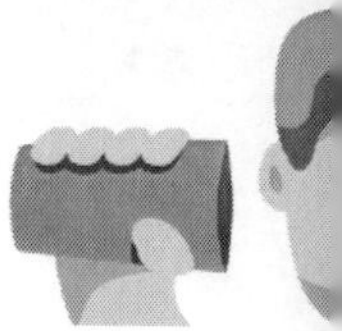

在職場中，常常會遇到別人在你面前說另一個人的壞話，對此，你就得端正態度，用辯證的思維去考慮這種情況，掌握好應對的分寸。

溝通處方

在既矛盾又統一的合作背景下，與同事之間溝通，就必須開誠布公、相互尊重，同時要注意溝通技巧，要選擇合適當的方式，使大家和睦相處，和諧共事。

第九章 用溝通化解生活中的矛盾

生活中難免會有碰撞摩擦。面對這些碰撞摩擦，如果不及時溝通，就可能會激化矛盾，甚至使矛盾達到無法調和的地步。

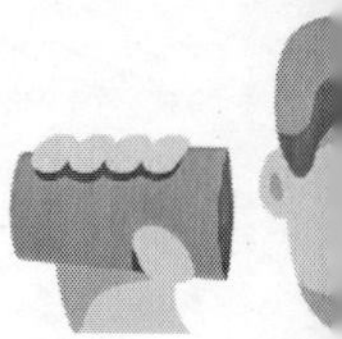

愛需要理解與溝通

一對年過半百的老夫妻，經濟條件不錯，理當是安享晚年的時候，卻一起找律師要求辦離婚。

原因是自從結婚以來，兩人爭吵不斷，老是意見不合。個性上又南轅北轍，十分不和諧。

二十多年的婚姻生活，要不是為了孩子著想，早就勞燕分飛了。好不容易總算盼望到孩子成年，再也不需要父母操心，為了讓彼此在晚年能自由地生活，不用再忍受那麼多無謂的爭吵，決定辦離婚。

他們來到律師面前，讓律師也面有難色，律師費都有點不好意思拿了，於是他提議辦完手續後，三人一起吃頓飯。老夫妻想了想，雖然離了婚，兩人又沒有什麼深仇大恨，吃頓飯總可以吧！

餐廳裡面氣氛非常尷尬。正巧服務生送來一道烤雞，老先生馬上夾起一塊雞腿給老太太說：「吃吧！這是你最喜歡吃的。」律師眼睛一亮，心想事情也許會有轉機哦！未料老太太紅著雙眼說：「我很愛你，但你這個人就愛自以為是，什麼事都自己說了算，從來不管別人的感受，難道你不知道，我這輩子最討厭吃的就是雞腿嗎？」

這時老先生也有點哽咽地說：「你總是不了解我愛你的心，時時刻刻我都在想，要如何討你的歡心，總是把最好的留給你。你知道嗎？這輩子我最喜歡吃的就是雞腿。」

律師看在眼裡，不免鼻頭一酸，兩個如此深愛著彼此的人，卻因為溝通出了問題而面臨分開的局面。

這篇文章很感人，兩個彼此深愛的人，因為缺少溝通，以致造成了無法彌補的悲劇。愛並不僅僅是給予奉獻，更需要倆人之間心與心的溝通和交流。

生活中，夫妻間存在一些碰撞摩擦在所難免，這要看一個人對事情的理解程度，也是性格所決定的。當然，心態也很重要。有的人，只用很短一段時間就能調整過來，有的人卻需要很長一段時間，還有的人或許永遠也調整不過來。

多想想一個人的優點和他的長處，不管是愛人也罷，周圍的人也罷，心情頓時就會雲開霧散。一味地想一個人的缺點，越想越覺得這個人一無是處，心情也會越想越糟。

婚姻最重要的是寬容。不是海的胸膛，卻給予山般的寬廣。最長久的婚姻也依然由無數次的爭吵和鬥爭，甚至一百次離婚的念頭構築。別讓無意的玩笑引發無數的戰爭，微不足道的細節也會成為分道揚鑣的殺手。

愛，需要細心地品味；愛，需要慢慢地感受；愛在記憶中尋找，愛在生活的瑣事中。愛需要包容但不是縱容，需要相互理解，更需要溝通。

人世間，匆忙中，也許你很幸運地找到了愛，那你一生一世都要珍惜；也許你委屈了自己或委屈了對方，這一生與愛無緣，但你還要負責地把沒有愛的情進行到底，加倍呵護；這也許更能磨練偉大的人格，更能造就人生的精彩。許多情況下，我們也會稍微留意身邊的現象，在我們看來，他們倆並不般配，但生活中，他們卻能相濡以沫，過得開心快樂，幸福美滿；有時候在我們看來，這小倆口十分般配，門當戶對，然而他們卻過得十分辛苦，同床異夢，度日如年。

人間需要溫情，生命需要感動，夫妻需要坦誠，心靈的交會，即便是剎那的瞬間，也是永恆。平凡的生活，點滴情節，都在我們心中醞釀沉澱，因為真情太重，愛的深沉，所以願意追隨。

只要你願意相信愛情，全心全意地去愛，就會擁有世上最大的幸福。生命是短暫的，珍惜你所擁有的，用你善良的愛心去包容一切，不要空留遺憾在人間。

小宋特別喜歡打麻將，一有機會就會約上幾個朋友玩，免不了有輸有贏。當然啦，贏了時興高采烈，輸了就有點不舒服。

妻子通曉事理，不大贊成小宋這樣，但並沒有硬來。

一天，小宋打了幾圈牌回來，輸了點錢，有些悶悶不樂。妻子關切地讓他休息，勸慰地說：「你不要把打麻將看成賭博嘛，幾個老朋友在一起玩，你把它看成一項娛樂活動好不好？娛樂總要消費，打保齡、去歌廳哪有不花錢的？輸了錢，你就當僱了幾個人陪你玩好了，反正你愛玩這個。」

小宋見妻子不但不埋怨自己，還有這樣一番見解，不由樂了。

妻子又說：「我們現在沒小孩，沒什麼家務事，週末你去放鬆玩一會兒沒什麼，但要健康娛樂，不要時間過長，七八圈就行了吧。以後工作忙了，家務事多了，你想玩都玩不成了。你其實挺有自治力的，注意點就行了，輸贏無所謂，開心就行。」

妻子一番話，說得小宋很高興。後來，他玩麻將的次數越來越少，癮頭漸漸也不那麼大了。一旦玩的時候，想起妻子的話，非常放鬆，戰績也越來越好。工作忙起來，家裡有了小孩之後，他一年也玩不了幾回，小倆口的日子過得甜甜蜜蜜的。

任何娛樂活動都要有個節制，妻子並沒有跟小宋直接說，而是以寬容的見解讓事情往好的方向發展。

在生活中，愛人之間不過分地吹毛求疵。不計較，凡事留有迴旋的餘地，對微末枝節的小事不妨姑且放過，這是一個極好的處事態度。要知道，寬恕別人的錯誤，就是說明別人改正錯誤；用以牙還牙、以眼還眼的態度處理事情，只會激化矛盾，鬧得兩敗俱傷的結局。

溝通處方

愛，需要細心地品味，需要慢慢地感受；愛在記憶中尋找，愛在生活的瑣事中。愛需要包容但不是縱容，需要相互理解，更需要溝通。

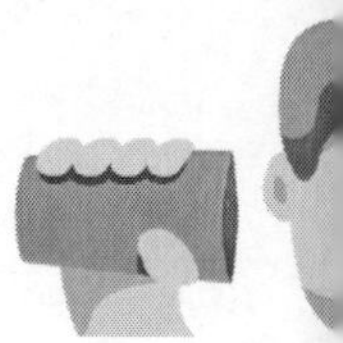

不要苛求虛無的完美

為了解決自己的婚姻問題，一位先生走進了一家婚姻介紹所。

一位工作人員把他領進了屋，對他說：「現在，請您到隔壁的房間去。那裡有許多門，每扇門上都寫著您所需要的對象的資料，供您選擇。祝您好運！」先生謝過了工作人員，向隔壁的房間走去。

房間裡有兩個門，第一扇門上寫著「終身的伴侶」，另一扇門上寫著「至死不變心」。先生忌諱那個「死」字，於是便邁進了第一扇門。

接著，他又看見兩扇門，右側寫的是「淺黃色的頭髮」。應當承認，不知道為什麼，有些男士總是比較喜歡長著淺黃色頭髮的女性。於是，先生便推開了右側的那扇門。

進去以後，還有兩扇門，左邊寫著「年輕美麗的女孩」，右面則是「富有經驗、成熟的女性」。可想而知，先生進入了左邊的那扇門。

可是，進去以後，又有兩扇門，上面分別寫的是「疼愛自己的丈夫」和「需要丈夫隨時陪伴她」。以後還有「雙親健在」和「舉目無親」。「忠誠、多情、缺乏經驗」和「有天才、具有高度的智力」。先生都一一作了選擇。

最後的兩扇門對男士來說是一個極為重要的抉擇：上面分別寫的是「有遺產，或富裕，有一棟漂亮的住宅」和「憑薪水吃飯」。這位先生理所當然地選擇了前者。

不要苛求虛無的完美

當推開那扇門時，先生還準備繼續選擇，卻已經沒有選擇了！

那位工作人員向男士走來。他交給這位先生一個信封，信紙上寫著：「對不起，您的要求太高了，我們這裡沒有適合您的。」

這個故事在網路上流傳了很久，被許多未婚和已婚人士推崇，因為它生動地告訴了我們一個很簡單的道理：生活中，我們每個人幾乎都像故事中的男士一樣完美地選擇自己的愛情，校正自己的婚姻，卻從未認真地從中去體會和擁抱自己已經擁有的幸福。追求完美的婚姻，而不是苛求完美的婚姻，別讓這一字之差，輕易奪走你和所愛之人的幸福。

奄奄一息的丈夫躺在病床上。在即將離開這個世界的時候，病危的丈夫把自己瘦骨嶙峋的手伸給了坐在床邊的妻子。她滿頭白髮，涕淚漣漣。此時的丈夫心潮澎湃，不能自已。他衷心地感謝妻子幾十年來對自己關懷備至，體貼有加。

面對即將結束的人生，為了報答妻子的真摯感情，也使自己的靈魂得到解脫，老人要向外公開一個深深埋在心底長達半個世紀之久的愛的祕密。

妻子卻用蒼老的手輕輕地按著丈夫的嘴唇，十分動情地說：「現在，我真的不想聽什麼愛的祕密。我只知道，對於我們而言，真正的愛的祕密是在如此廣闊的世界裡有緣相識、相知和相愛，在漫長的歲月中有幸相逢、相知和相依，在風風雨雨裡能夠相容、相扶和相攜。」

聽完這番話，丈夫老淚縱橫。那個愛的祕密多年來使他受到痛苦和折磨，讓他的靈魂無法得到安寧。而當自己下決心要把它毫無保留地向最愛的人和盤托出時，對方卻以理解和寬容淡然處之。丈夫終於得到了最大的安慰，帶著那個愛的祕密安詳地告別了這個世界。

我們之所以愛一個人，是由於那個人具有真正我們尊重的品德。愛情是可以作為重要因素滲入生活的。在有著更高理想與追求的人那裡，它並不把其他因素都一概吞噬。不能單單因為愛情，就割捨精神、藝術、科學的普遍利益；相反，還要把愛情的一切帶到生活和工作中去。

溝通處方

美好的愛情拒絕完美主義，因為追求完美意味著求全責備，意味著強調索取，而非奉獻。沒有奉獻，愛情終將暗淡。一味追求完美，愛情就會消逝。

妻子要學會讚美妳的丈夫

美國大文豪霍桑（Nathaniel Hawthorne）未成名之前是個海關的小職員。

有一天，他垂頭喪氣地回到家對太太說：「我被炒魷魚了。」

他的太太蘇菲亞聽了之後，不但沒有憤怒地責罵他，反而興奮地叫了起來：「這樣你就可以專心寫書了。」

「是呀！」霍桑一臉苦笑著回答，「可我光寫書不工作，我們靠什麼吃飯啊？」

這時蘇菲亞打開抽屜，拿出一疊為數不少的鈔票。

「這些錢從哪裡來的？」霍桑張大嘴，吃驚地問。

「我一直相信你有寫作的才華，」蘇菲亞解釋道，「我相信總有一天你會寫出一部名著，所以每個星期，我都把家用省下來一點，現在這些錢夠我們用一年了。」

有了太太在精神與經濟上的支持，霍桑果真完成了美國文學史上不朽的巨著——《紅字》（*The Scarlet Letter: A Romance*）。

男人都是喜歡聽到自己妻子的讚美，特別是在他失意的時候。如果妳想讓妳的丈夫成功，那麼不要吝惜妳的讚美。

長久以來，人們談到了丈夫對妻子的讚美，卻往往忽視了妻子對丈夫的讚美。其實，這是不對的。在一個家庭裡生活絕不能說誰的讚美更勝一籌，這種讚美應該是平等的。妻子沒有丈夫的讚美會失去信心，丈夫得不到妻子的讚美也會一蹶不振。

妻子稱讚丈夫時，要把自己放在次於丈夫的位置上。對他表示出崇敬、仰慕、依賴，這樣來表達出自己對他的愛與讚美。丈夫由此而感受到被尊敬的感覺，就會更加奮進，給妳更多的幸福。

也許會有些妻子感到不滿，覺得憑什麼要把我們女性放在次要的位置上，好像整個家庭就男人最重要似的。其實，並不是這樣。家庭生活中誰付出的多少是不能用天平來衡量的。若妳真的在乎那麼多，也就不是真正地愛著這個家庭。

妻子稱讚丈夫，可以從小事做起。家庭生活中，夫妻恩愛的點點滴滴都展現在一些瑣碎的小事上。因此，不要只看到丈夫比較明顯的優點，以此來讚美，而要在平日裡的生活細節中發現丈夫的優點，大大地誇讚一番。

丈夫聽了這些讚美之後，一定會覺得妳是個細心的女人，認為你能事事都察覺出他的優點，妳對他是真心的。丈夫也就會自然而然地多注意妳平日裡的優點，這樣兩人的感情就會越來越深厚。

妻子要向丈夫適時地表達謝意。他送了妳一朵玫瑰，要謝謝他對妳的愛意；他下班時順路買了菜回家，要謝謝他為妳分擔家庭責任；他陪妳去看電影，要謝謝他在繁忙之餘還能陪伴自己；吃完飯他主動收拾碗筷，要謝謝他很疼愛妳。

妻子要學會讚美妳的丈夫

妻子還要給丈夫廣闊的空間，不能處處束縛著他。男人在外不免會遇到很多的麻煩，承受的心理壓力十分大，所以偶爾也會出外找找朋友，回家比較晚。可就因為如此，有些妻子就大呼小叫，認為丈夫背叛了自己，甚至有時丈夫真的是因為加班而晚回家了，也要興師問罪。

當然，妻子都希望丈夫能多陪伴自己，但並不是說一個男人娶了妳之後就完完全全屬於妳了。總是牢牢地抓住丈夫，管住丈夫，從而增加丈夫的心理壓力，這樣的女人，時間一久定會受到丈夫的排斥，從而逐漸失去丈夫的愛。

細心的妻子稍稍留心一下便會發現，恩愛夫妻無不善於運用各自不同的方式，來向對方表達愛意，這種感情的溝通便是婚後夫妻情感不斷深化的根本保證。

有一對夫妻為了讓感情縱向發展，創造了一種寫「夫妻日記」的形式。在日記中，夫妻雙方敞開心懷，無所不談，包括對增進感情的建議，對家庭生活的愛戀，對經濟安排的磋商……他們透過寫日記這種方式，相互之間更深切地感受到了溫暖、甜蜜、協調和融洽。

妻子要多在外人面前讚美丈夫。男人都有種自負心理，妻子在外人面前多稱讚丈夫，會使其自負心理得到充分的滿足。丈夫覺得自己的妻子知書達理，有眼光，而且以嫁給自己為榮，就會感到十分榮幸。他就會覺得不應辜負妻子對自己的期望，不能背叛妻子在眾人面前對自己的讚揚，也就會更加愛護自己的妻子。

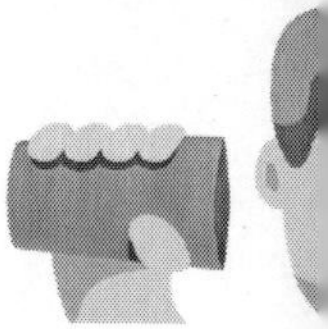

溝通處方

妻子要多在外人面前讚美丈夫。男人都有種自負心理，妻子在外人面前多稱讚丈夫，會使其自負心理得到充分的滿足。

丈夫要做妻子的忠實聽眾

一個生意人衣錦還鄉，發現十年前的一家食品雜貨店還在營業，店主仍是從前那位女士。

一天，他和店主閒談，問：「現在城裡到處是購物中心和超級市場，你這家小店怎麼能和人家競爭而不被淘汰？」

店主說：「沒關係，在我有生之年，這店一定能開下去，而且一定會生意興隆。因為我這裡還有一種近乎絕跡的服務。」「什麼服務？」「客人來買東西，常說物價上漲，或世風不正等等。多數店家太大太忙，哪有工夫去聽顧客談論？但我卻不然，我就愛聽顧客們說東道西，發發牢騷。所以，許多顧客還是願意到我這裡來買東西。以後我也這樣做。」

丈夫要做妻子的忠實聽眾

人們最需要和最渴望的是精神上的滿足——被了解，被肯定，被賞識。這種心理上的需求，在物質比較豐富、競爭加劇、節奏加快的現代生活中，顯得尤為突出和普遍。然而，人們卻往往因為交流不利而造成相互之間的隔閡。

我們對一個人的了解和關心可以是多方面的，如聽別人談論，看此人寫的東西，給此人寫信和打電話等等。但是，最佳方式是與這個人面對面地交談，聽他訴說自己的心裡話，這樣才能真正了解別人並表示關心。

用心傾聽的最大好處就是深得人心，容易增加對方的信任度。每個人都需要有忠實的聽眾，這一點在工作關係和友情上很重要，在婚姻與家庭的生活中尤其重要。你的親人和好友並不需要你的忠告和教訓，卻很需要你聽他傾訴衷腸。一個人心裡有話，在親友面前不能痛痛快快地說出來，或是說了對方不愛聽，那麼他對這個家庭或某個朋友還會有感情嗎？設身處地地傾聽，不但可以了解對方的真實情況，還非常有助於增進彼此間的感情。

在夫妻生活中，傾聽妻子的心聲，對於加強和鞏固夫妻感情有著至關重要的作用。耐心地傾聽她對你所說的話，就是丈夫獲取妻子青睞的法寶。

傾聽意味著你尊重對方。對方滔滔不絕地向你說了很多話，但你卻左耳進右耳出，

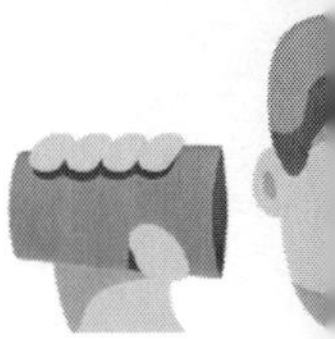

神情很不專注，定會讓她覺得你對她也是漠不關心。對方找你傾訴的原因很可能是覺得他人不夠關心和重視她。這時，你又表現出不理不睬的態度，正好給了她雙重打擊，使她以後再也不想和你說心裡話了。

傾聽意味著你對她的關心。你越是很專注地聽她的訴說，並時不時地也回答幾句，會讓她覺得你很在意她，體貼她，讓她對你產生一種信賴感。一個女人會找你傾訴，代表她也很在意你並相信你。這時，你可千萬不能態度冷漠，不然會使她的自尊心受到傷害。

傾聽意味著你與她有共同的興趣、愛好，願與她共歡樂、共分憂。其實，在她找你傾訴的時候，她自己本身也意識到與你有很多相似點，所以她也才會選擇你來做她的傾訴對象。這時，只要你能耐心地聽她說話，並表示你與她有同感，則會讓她感到自己沒有選錯人，而把你當成她的知己。

對女性而言，訴說是一種心理需求，是能展現出自己的心態、表明自己喜怒哀樂的唯一管道。在訴說中，她們才能把自己的煩悶與苦惱傾吐出來，把自己的快樂與幸福傳達給別人，獲得心靈上的滿足感。

如果你對她的傾訴絲毫不感興趣，總是心不在焉，對她的問話也是支支吾吾說不出個所以然來，會讓她感到你很討厭她，不但不理解她的感受與需求，甚至不尊重她的人格。她會頓感失望，對你的幫助也不抱任何期望。

傾聽時，你的眼睛要看著對方的眼睛，對她所說的每一句話做出適當的表情變化和做一些手勢，最重要的是還要用「哦」等聲音來附和。這樣才能讓對方相信你在聽她講話，而不是她一人在自彈自唱。要是用電話交流就更是如此，那邊談了一大堆，你這邊一點應和之聲都沒有，對方會以為你睡著了呢。

傾聽時，要隨對方的談話內容有相應的感情波動。對方顯得很高興的話，你也可滿腔堆笑表現出開心的樣子；對方若在氣頭上，你也可表現出怒不可遏的樣子，並揚言要替她討回公道；若對方遇到了壞事，很傷心，你也可表現出很惋惜的樣子，並安慰她一番。這些都是非常重要的。傾訴者見你與他同開心，同傷心，又同仇敵愾，便會覺得與你十分有緣，進而對你印象極佳。

傾聽時，最好也能插入一些提問。因為談話始終是要由兩人來進行，再怎麼能談的女人也不能口若懸河地連談幾個小時。更何況，你若一點問題都沒有，只是傻愣愣地坐著，人家會以為自己是在對牛彈琴。適當地提出些問題，才能讓對方覺得你是在真正地聽她訴說，並對她所說的事感興趣，而也在真正地關心著她。

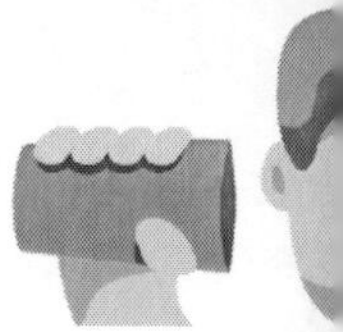

對你不感興趣的話題，你可以巧妙地用一些語言或故事引到其他方面上去。有時，某些女人的話題的確是十分枯燥的，而這時你又不好不聽，要聽又實在難以接受，這時不妨試一試變被動為主動，用你的巧妙的語言吸引對方的注意力，並提起她的興趣使之不知不覺隨你的話題而走，最終轉入你所喜歡的話題。

不論你在社會和家庭中扮演什麼角色，都要學會傾聽別人說話，即使無力解決實際問題，也比不說不聽、各顧各的強百倍。所謂善解人意，大半是指用心傾聽，善於傾聽。

溝通處方

用心傾聽的最大好處就是深得人心，容易增加對方的信任度。每個人都需要有忠實的聽眾，這一點在工作關係和有友情上重要，在婚姻與家庭的生活中尤其重要。

溝通中離不了寬容

有一對金婚夫婦，雖然都已白髮蒼蒼，但卻精神抖擻。兩人經常出雙入對，相敬如賓，竊竊私語，簡直如同初戀的情人。

在金婚紀念宴會上，有人向他們索要金婚的鑰匙，問老太太：「伯父這一輩子難道沒做過錯事讓您生氣的嗎？」

老太太抿嘴一笑：「有哇。不過，我多是視而不見。比如，當我懷著第一胎搖搖晃晃地到醫院做檢查時，竟然撞見他手捧鮮花正在重症床前探望他的第一個戀人。」

接著，有人又問老伯：「伯母這一輩子沒罵過您一句嗎？」

老伯伯樂呵呵地答道：「罵呀，還罵得很凶呢，不過我總是充耳不聞。有一次，我夜裡看書，不小心弄倒了油燈燒壞了被窩。她不停地罵了我十天半月。」

看來，金婚的鑰匙就是「視而不見」，就是「充耳不聞」，就是對對方的缺點、錯誤予以諒解、忍讓和寬容。

保持婚姻幸福的祕訣不是別的，就是寬容。寬容中包含著理解、同情與原諒，也就是最大限度地接受對方。夫妻之間的寬容乃是夫妻和睦、婚姻美滿的紐帶，是愛心與信任的展示。夫妻關係離開了寬容，那是不可想像的。

理想中完美的人是不存在的，每個人都有自己的長處與短處，期望自己的配偶十全十美，那是不現實的。你既然深愛著你的配偶，就要包容他（她）的一切，既欣賞他（她）的優點，也要接納和原諒他（她）的缺點。

所謂「寬容」，並不是指在大的原則問題上不講是非，而是指在原則許可下的理解與諒解，是一種真正的愛。夫妻關係中寬容一分，婚姻就會美滿一分。寬容是融化夫妻之間冰塊的一劑良藥。

鄉村有一對清貧的老夫婦。有一天，他們想把家中唯一值錢的一匹馬，拉到市場上去換點更有用的東西。

老頭子牽著馬去趕集了。他先與人換得一頭母牛，又用母牛去換了一隻羊，再用羊換來一隻肥鵝，又由鵝換了母雞，最後用母雞換了別人的一大袋爛蘋果。在每一次交換中，他倒真還是想給老伴一個驚喜。

當他扛著大袋子在一家小酒館休息時，遇上兩個英國人。閒聊中，他談了自己趕場的經過。兩個英國人聽得哈哈大笑，說他回去肯定得挨老婆子一頓揍。老頭子堅稱絕對不會。英國人就用一袋金幣打賭，如果他回家未受老伴任何責罰，金幣就算輸給他了。

於是，三人一起回到老頭子家中。

老太婆見老頭子回來了，非常高興，又是給他拿毛巾擦臉，又是端水解渴，聽老頭子講趕集的經過。老頭子毫不隱瞞，全過程一一道來。每聽老頭子講到用一種東西換了另一種東西，她竟十分激動地予以肯定。「哦，我們有牛奶了。」「羊奶也同樣好喝。」「哦，鵝毛多漂亮！」「哦，我們有雞蛋吃了！」最後聽到老頭子背回一袋已開始腐爛的蘋果時，她同樣不慍不惱，反而說：「我們今晚就可吃到蘋果餡餅了！」

結果，英國人輸掉了一袋金幣。

夫妻的恩愛、寬容是善待婚姻的最好的方式。充分理解對方的行事做法，不苛求不責怨，必然給對方以愛的源泉。

夫妻之間最重要的基礎是寬容、尊重、信任和真誠。即使對方做錯了什麼，只要心是真誠的，就應該重過程、重動機而輕結果，這樣才能有家庭的和睦。

一位參加美國公共關係卡內基訓練班的學員，把寬容的原理運用到自己的家庭，使得家庭關係十分融洽。

一天，妻子請他講出自己的六個缺點，以便成為更好的妻子。這位學員想了想說：「讓我想一想，明天早晨再告訴你。」

第二天一大早，學員來到鮮花店，請花店給妻子送六朵玫瑰，並附上一個紙條：「我實在想不出你需要改變的六個缺點，我就愛你現在這個樣子。」

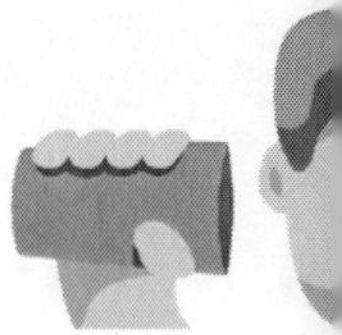

當這位學員晚上回到家時，妻子站在門口迎接他，他感動得幾乎要流淚。從此，他認知到寬容和讚賞的力量。

當你寬恕別人的時候，你就不會感到自己和別人站在敵對的位置。你寬恕別人，別人才有可能會原諒你，這是亙古不變的道理。

溝通處方

寬容中包含著理解、同情與原諒，也就是最大限度地接受對方。夫妻之間不能不寬容，不可不寬容。寬容乃是夫妻和睦、婚姻美滿的紐帶，是愛心與信任的展示。夫妻關係離開了寬容，那是不可想像的。

愛要勇敢說出口

一個遠在國外的丈夫到郵局給他的妻子發電報，全文是：「親愛的，我在國外很想你，祝你聖誕快樂。」

當他掏錢付款時，發現身上帶的錢不夠，於是他對郵局的小姐說：「為了省錢，我可不可以去掉幾個不必要的字呢？」

小姐說可以，但當她接過那男子刪改過的電文時，發現去掉了「親愛的」三個字。於是，郵局那位小姐說：「先生，你還是把『親愛的』三個字添上吧，錢由我來付。你不知道，這三個字對於一個女人來說有多麼重要。」

如果你愛上一個人，憋在心裡不說，對你來講既是難受的，同時也是錯誤的。如果對方也喜歡你，而你不把愛說出來，就可能錯過一份好的機緣。假如對方不喜歡你，而你總是惦記著這份感情，就會陷入單相思之中，既是在浪費時間又是在浪費感情。

愛情的道路上沒有對與錯，無論結果如何，都要將愛說出口，即使遭到拒絕，也不是什麼丟臉的事情。愛與不愛都很正常。

一對青梅竹馬的年輕人在野外散步。

女孩含情脈脈地說：「你知道嗎？聽人說，如果男人的臂長等於女人的腰圍，他們

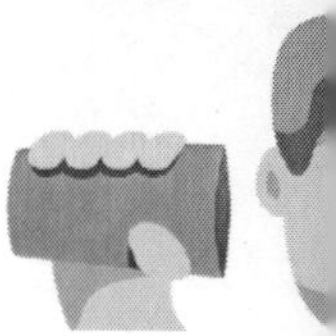

就能成為夫妻？」

男孩搖搖頭說：「這個我不知道！」

女孩見他無動於衷，又說：「我也不知誰的臂長跟我的腰圍等長。」

男孩聽不出女孩的言外之意，反而跑過去找了一個藤條，要為她量量腰圍。事實上，他心裡對女孩早已動了情，可是每次都不懂女孩的暗示，還以為她只是像小時候那樣頑皮呢。時間一久，女孩就對男孩徹底失望了，認為對方對自己沒有意思，只好走開了。

不能把愛說出口，也許會使你失去一份來之不易的友誼，也可能會使你失去一個心儀已久的戀人。

有一位男子，愛上了一位女孩。經過無數次的思考之後，他終於決定上門求婚。在路上，他心裡直犯嘀咕「她會對自己是真的有意嗎？從以前的接觸來說，女孩似乎對自己有點意思，但是她從來沒明說過，說不定是一時的熱情，又有誰能了解一個女孩子心靈深處的想法呢？不是說，女人心，海底針嗎？再說，又有誰能保證那不是自己因單相思而產生的錯覺呢？」

男子猶豫起來，停下了腳步。他又想到她的父母、她的姐妹等可能會出現的反應，越來越心虛，失去了勇氣，不由自主地轉回頭。

愛要勇敢說出口

男子的做法既讓人同情又讓人遺憾，如果深愛著一個人，卻瞻前顧後，連表白的勇氣都沒有，實在是沒出息了，這樣的人是無法得到渴慕的愛情的。

愛上一個人，就不要思前想後、畏首畏尾，應當掌握好時機鼓起勇氣，向對方一吐為快，也許對方早就等待著這一天。愛就要說出口，才是正確的溝通方法。

在婚姻生活中，或許因為工作忙碌，或許因為生活困頓，或許因為言語疲勞，我們常常忽略了「我愛你」這三個最簡單的字。其實，愛情有時就這麼簡單，或許他或她只想從「我愛你」中體會自己對你的重要性。

如果愛，不說，一輩子沒有機會，只能眼睜睜看著愛從你身邊像風一樣，雲一樣，水一樣，任你看，任你抓，可一切已不再為你停留。

如果兩個人彼此心中都有愛，但都沒有說出口，那麼就會錯過了彼此的心，錯過了彼此一世的感情，錯過了彼此的一輩子。

既然愛了，為什麼不讓對方知道？說出口，這樣才對得起自己，也不會有遺憾。至於結果，不重要。如果沒有緣分，那就祝福你愛的人吧，看著他幸福、開心，也許會心酸，但也是另一種幸福，是愛的昇華。

走過了，才知道一些東西的珍貴，只是，已不能去擁有。走過了，才後悔有些話曾經不敢說而藏在心底，而今只能遠遠地看著。走過了，才漸漸感悟，愛要說出口。

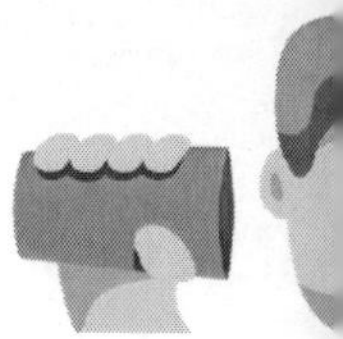

有人說暗戀也是一種美，暗戀雖然美好，可是卻很痛苦，而且也是一生的遺憾和後悔。

愛，就勇敢地說出來吧，不說人家怎麼知道呢？說出口，不管對方是接受還是拒絕，你只要說出口，就對得起自己，不要等一切都遲了，徒留傷悲在心頭。

人生無常，學會珍惜，學會把愛說出口，是我們一生的功課，這樣才會少一些遺憾。有些感情一旦錯過了，就像海洋裡的水，不知會漂向何方。

溝通處方

愛情的道路上沒有對與錯，無論結果如何，都要講愛說出口，即使遭到拒絕，也不是什麼丟臉的事情。愛與不愛都很正常。

第十章 避免進入人際溝通的「雷區」

正如生活中很多事情都存在一定的禁區一樣，溝通也存在一些「雷區」。如果我們想要有效溝通，就要熟悉這些潛在的「雷區」，並巧妙地躲避過去。

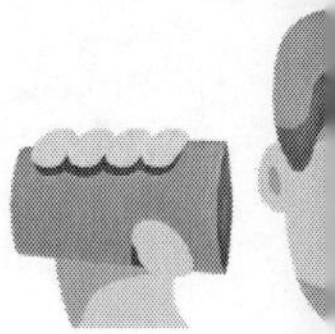

不輕易得罪一個人

宋華是一家公司的管理人員。在公司遭遇退貨、瀕臨倒閉，公司高層們急得團團轉而又束手無策時，宋華站了出來，提供了一份調查報告，找出了問題的癥結。此舉解決了公司的難題，還使公司賺了幾百萬。

因工作出色，深受老闆的重視，宋華成為全公司的一顆明星。憑著自己的智慧和膽略，他又為公司的產品打開國內市場立下了汗馬功勞。他兩年內為公司賺得幾千萬利潤，成為公司舉足輕重的風雲人物。

躊躇滿志的宋華，以為銷售部經理一職非自己莫屬。然而，他卻沒有被升遷。他不明白公司為什麼會這樣對待自己。後來，一個同情他的朋友破解了他的迷惑。

有一次，他出去為公司辦理業務，需要一批匯款，在緊要關頭卻遲遲不見公司的匯票，使得業務「泡湯」，令他很難堪。實際上是一個出納員暗中刁難，因為他平時對這個出納不冷不熱，根本沒有把她放在眼裡。

還有一次，他在外辦事，需要公司派人來協助，卻不料，人還在路上就被撤回去了，原來是一些資格較老的人覺得他很「狂妄」、「目中無人」，在工作上從不與他們交流，所以想盡辦法拖他的後腿，讓他的工作無法開展。

不輕易得罪一個人

不要輕易得罪人，因為社會是由不同的人組成的。人活在世上，每天都和不同的人打交道，不論是在生活上，還是在其他事業上，都和別人有一種互動的關係。「得罪人」是一種剝奪自己發展空間的不良行為。

輕易得罪一個同行，就為自己堵住了一條去路。或許你會認為，世界之大，得罪一個同行又何妨，不至於堵住自己吧。其實，這種看法是錯誤的。同行有同行的圈子，有同行的朋友。如果處理得不好，你就會在行業內失去信譽，失去幫助。

輕易得罪一個小人，你就為自己埋下了一顆定時炸彈。如果得罪了一個君子，最多大家就是各走各的路，互不相干了。但是，如果你得罪小人，那麻煩就大了，他平時不對你怎麼樣，到了關鍵時刻他就出手了，很多時候會使你下不了臺。

人們大都願意與自己喜歡的人在一起，希望與自己志同道合的人交朋友，喜歡和那些容易相處的人交往。可是生活中，並非所有人都是我們喜歡的人，也並非都與我們志同道合，還有很多人是我們不喜歡的，至少和我們沒有什麼共同的話題。對於這些人，我們根本不願意和他們交往，但是，在很多情況下，我們又不得不經常和他們打交道，這時候，很多人都會陷入交際的盲區，不知道該如何去和那些自己不喜歡的人交往。

如果你涉世未深，每當遇到這種情況，往往會表現得過於愛恨分明，不會很好地掩飾自己的情緒，把喜怒哀樂全都寫在臉上，甚至對不喜歡的人做出不夠友好的舉動，或者說出比較過分的話語，從而得罪了對方。

這樣一來，你是得到了一時的痛快，但是，無形中卻為自己設置了一個大大的障礙。可以想像，對方平白無故地遭受你的白眼和奚落，他心裡怎能沒想法？恐怕早已對你恨得牙癢癢，暗暗對自己說：「別讓我逮到機會，到時我讓你好看。」等到有一天，你真的被他逮到了機會，他怎能輕易甘休。

所以說，即使是自己不喜歡的人，也不要輕易得罪。因為得罪別人對於你來說有百害而無一利，你是在搬起石頭砸自己的腳。

在某家公司，行政部和財務部兩個部門的經理都是大學畢業，年齡、經歷相仿，都非常有才華。

在日常工作中，行政部經理對下屬分寸得當，恩威並施。在業務上，行政部經理嚴格要求，從不放鬆；但下屬偶爾出了什麼差錯，他卻總能為下屬著想，主動承擔責任。每次出差回來，他總是不忘帶點小禮物，給每一個下屬一份愛心。因此，他很得人心。

財務部經理雖然工作成績不凡，但在對下屬的管理中，卻嚴厲有餘，溫情不足，有時甚至很不通情達理，缺少人情味。有一次，一位下屬因母親生病，上班遲到了。雖然這位下屬平時工作勤懇、兢兢業業，從不誤事，但這位經理還是對其進行了嚴厲的通報責備，並處以相當數量的罰款。這使他大失人心，下屬怨聲載道。

在生活和工作中，不要輕易得罪別人，因為得罪別人是件很危險的事情，得罪人是在給自己樹敵。對立面太大無異於自毀前程，特別是不能得罪小人。

在日常生活中，誰都不願意和小人打交道。可是，不管你願意或不願意，又總不可避免地要與小人打交道。與這樣的人打交道時，務必多留幾個心眼。即使你比他強大，也不要與其發生正面衝突。

如果一不小心得罪了那些小人，他們可能會處心積慮地對付你，破壞你的正事，分散你的精力，用各種手段把你打倒，你的理想、事業和一切努力可能因此付諸東流。但是，在與人交往的過程中，你總得面對小人的「張牙舞爪」，面對小人的阿諛奉承，這時，最好的辦法是滿臉笑容，不必過分計較。

那麼，在與人相處中，怎樣才能做到不輕易得罪一個人呢？

■ **不要直接糾正別人的錯誤**：對於他人明顯的謬誤，你最好不要直接糾正，否則就像故意要顯得你高明，因而傷了別人的自尊心。在生活中一定要記住，凡是非原則之爭，要多給對方以取勝的機會，這樣可以避免樹敵。對於原則性的錯誤，你也要盡量含蓄地示意。

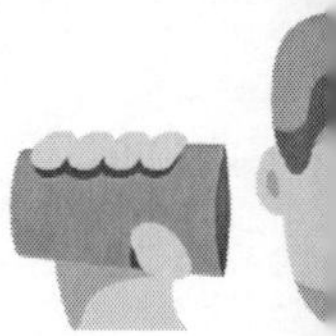

- **凡事多忍讓一點**：對暫時鬥不過的小人要忍耐。與其和狗爭道被咬傷，還不如讓狗先走。因為即使你將狗殺死，也不能治好被咬的傷。所以，如果與你打交道的是小人，就應當忍讓為上，千萬不要衝動。
- **不要輕易去指責別人**：指責是對人自尊心的一種傷害。它只能促使對方為維護他的榮譽，為自己辯解。即使當時不能，他也會記下這一箭之仇，日後尋機報復。
- **不要欠小人的人情**：小人是最斤斤計較的，誰也沒他們的算盤打得精。如果在你忙得不可開交的時候，小人主動提出要幫你接洽一個客戶，你可不要隨便接受這雙「援助」之手。要知道，一旦生意談成了，小人就會以你的救兵和恩人自居。以後，他碰到什麼棘手的事找你當代罪羔羊，你若不答應，那就會被他說成是忘恩負義。

溝通處方

雖然結交一個朋友未必就開通了一條路，但是得罪一個人絕對是增添了一堵牆，尤其是得罪一個小人，更會為你帶來許多不可預知的隱患。

一味爭高下得不償失

偉大的藝術家米開朗基羅來到佛羅倫斯後，要用一塊別人認為已經無法使用的石頭，雕出手持彈弓的年輕大衛。

工作進行了幾天後，索德里尼（Piero Soderini）進入了工作室。索德里尼自以為是行家，在仔細地「鑑別」了這項作品後，站在這座大雕像的正下方說：「米開朗基羅，你的這個作品誠然很了不起，但它還是有一點缺陷，就是鼻子太大了。」

米開朗基羅知道索德里尼的觀視角度不正確。但是，他沒有爭辯，只是讓索德里尼隨他爬上支架，在雕像鼻子的部位開始輕輕敲打，讓手上的石屑一點一點掉下去。表面上看起來他是在修飾，但事實上他根本沒有改動鼻子的任何地方。經過幾分鐘後，他說：「現在怎麼樣？」

索德里尼回答：「現在才是最完美了。」

索德里尼是米開朗基羅的贊助人。米開朗基羅冒犯他沒有任何意義，但如果改變鼻子的形狀，很可能就毀了這件藝術品。對此，他的解決辦法是讓索德里尼調整自己的視野，讓他靠鼻子更近一點，而不是讓他意識到自己的錯誤。

米開朗基羅找到方法，原封不動地保住了雕像的完美，同時，又讓索德里尼相信是自己使雕像更趨完美的。透過行動而非爭辯，米開朗基羅既未冒犯別人，而自己的觀點也得到了證實。

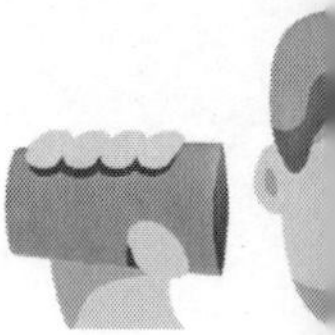

與人交談時，有的人會把彼此的溝通看成是一種競賽。如果觀點不一樣，在他看來，就是在挑戰，一定要分出個高下。如果一個人常在他人的話裡尋找漏洞，常為某些細節爭論不休，或常糾正他人的錯誤，藉此向人炫耀自己的知識淵博、伶牙俐齒，那麼他一定會給人留下深刻的印象，不過那是不好的印象。

為了與他人有更好的溝通，這種競賽式的談話方式必須被捨棄。當你採用一種隨性、不具侵略性的談話方式時，別人就比較容易聽進去，而不會產生排斥感。

只有溝通，雙方或多方才能知情，才能資訊對稱，進而達到認知一致，目標同一，同心同德。在溝通中取得理解，在理解中形成共識，在共識的基礎上實現統一，溝通才能收到事半功倍的效果。

當和別人的立意或觀點有衝突時，若是立刻反問，就等於完全不接納對方；若與對方進一步討論，實質上還是在挑戰對方的建議，但對方的感受卻會好很多。

如果溝通時不得不對對方的立場提出質疑時，在提出問題之前一定要至少稍微解釋一下，你為什麼提出這樣的問題。這樣可使你的問題的尖銳性降到最低。

每個人的生活習慣有所不同，因為我們的家庭環境以及成長過程不盡相同。不要勉強別人來認同自己的習慣，同時，也要有體諒和寬容別人的習慣。

一味爭高下得不償失

一對小夫妻經常為吃蘋果發生口角。有一次，他們竟吵到鄰居的老大爺家去斷是非。

事情的起因是這樣的：女的怕蘋果皮上沾了農藥有毒，一定要把果皮削掉；而男的則認為果皮有營養，把皮削掉太可惜。

老大爺對女的說：「妳先生這麼多年都吃沒削皮的蘋果，還好好的，並沒死，你擔心什麼？」接著，老大爺又對男的說：「你太太不吃蘋果皮，你嫌她浪費，那你就把她削的蘋果皮拿去吃掉，不就沒事了！」小夫妻茅塞頓開。

很多時候，只要站在對方的角度想問題，推己及人，矛盾就會減少，生活也就會更加美滿幸福。

與人爭高下，你的名聲將會受到損害。你的競爭對手會立即想盡辦法挑出你的毛病，讓你聲譽掃地。許多人在與他人結為對手之前一直都有著良好的聲譽，而一旦反目成仇，對方就會重新挖掘出深埋的恥辱以及過去的汙名。人們的所作所為，除了徒然得罪他人，報一箭之仇以外，往往毫無益處。

盡量不與人爭辯，巧妙地把事情做得妥帖，這才是高手。雙方爭得面紅耳赤時，即使你勝利了，又有何益？

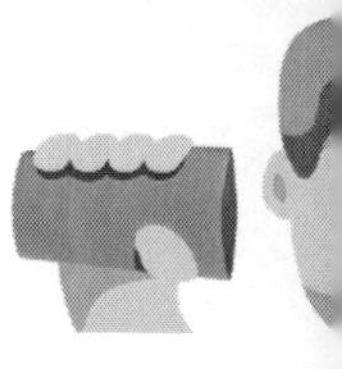

建築師雷恩為西敏市設計了富麗堂皇的市政廳。市長在二樓辦公。但是，他擔心三樓會掉下來，壓倒他的辦公室。於是，他要求雷恩再加兩根石柱作為支撐，加固房子的結構。雷恩很清楚市長的恐懼是杞人憂天，但是，他還是建造了兩根石柱。為此，市長感激萬分。

多年以後，人們才發現這兩根石柱根本沒有頂到天花板。雷恩這位傑出的建築師為了滿足市長的要求，就按照他說的做了，並沒有和他爭辯。雷恩知道爭辯是沒有用的。實際上，多出來的兩根柱子對雷恩的設計藝術也沒有影響，相反，當人們看到這兩根柱子的時候，更加讚賞雷恩了。

一個人的行動必須隨著周圍狀況的變化而改變。爭辯無法為自己贏得榮耀，反而會帶來更大的損失。有些人表面上贊同你，實際上卻在背後辱罵你。

爭辯無法產生任何作用。當人們面紅耳赤地爭辯時，說起話來就會不管不顧，也忘了是否會傷害對方。如果和你爭辯的人是多年的摯友，那麼，為一時的爭執而失去一個好朋友的損失就太大了。

你可能在年齡、地位、才能、經濟狀況等某一方面，比對方略勝一籌，這是很好的交際優勢。但是，我們若在交際中胡亂使用交際優勢，便會給交際造成障礙。

在人際交往中，不以自身的交際優勢自居，時時處處表現出謙虛恭謹的美德，把自己放在與對方對等的位置，甚至甘願坐下手位，勢必會博得對方敬重，贏得對方好感。相反，占盡先機而後快的人往往為人們所不齒。

溝通處方

避免與人爭高下，巧妙地把事情處理好，你才會贏得更好的人緣，這是與人溝通的技巧。

隨便打斷他人的談話討人厭

一個老板正與客戶談生意，談得差不多的時候，老闆的一位朋友來了。

這位朋友不顧人家正在談重要的事，就隨便插話說：「哇，我剛才在大街上看了一個大熱鬧……」接著就說開了。

老闆示意他不要說了，而他卻仍然說的津津有味。客戶見談生意的話題被打亂了，就對老闆說：「你先跟你的朋友談吧。我們改天再來吧。」客戶說完就走了。

老闆的這位朋友亂插話，攪了老闆的一筆大生意，讓老闆很是惱火。

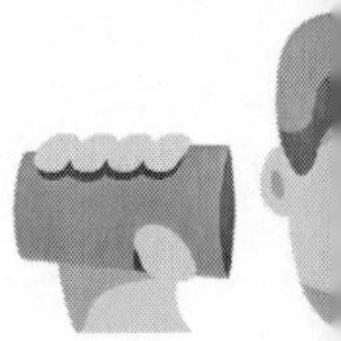

隨便打斷別人的談話，是沒有禮貌的表現。在日常生活中，有些人在別人闡述自己的觀點時，總喜歡打斷別人，談論自己的看法。這樣的人往往會讓人厭煩，也常常在不經意之間就破壞了自己的人際關係。

在交談中，有些人總是時不時地打斷別人的談話，經常插話。他們甚至認為這種插話是一種聰明的表現。其實，這樣的觀點是錯誤的。

在溝通中，只有讓對方把話說完，才能了解對方的真正意圖，獲得更多的資訊。隨便插話，就不能專心領會別人說話的意思，還會使對方感到不受尊重。

誠如培根（Francis Bacon）所說：「打斷別人、亂插話的人，甚至比發言冗長者更令人生厭。」每個人都可能會情不自禁地想表達自己的願望，但如果不去了解別人的感受，不分場合與時機，就去打斷別人說話或搶接別人的話頭，會擾亂別人的思路，使別人不能完整流暢地表達自己的想法，因而只會引起別人的反感，有時甚至會產生不必要的誤會。

在交談中，不應當隨便打斷別人的談話，要盡量讓對方把話說完再發表自己的看法。如有急事要打斷說話，也要掌握機會，先徵得對方同意，用商量的口氣說：「對不起，我提個問題可以嗎？」或「我插句話好嗎？」這樣可避免對插話帶來的不悅。所插之言也不可冗長，一兩句點到即可。假如已經打斷，應確保原先的談話不被忽略。

隨便打斷他人的談話討人厭

假設一個人正講得興致勃勃，聽眾也聽得入迷，這時，你突然插嘴：「嘿，這是你在昨天看的事吧？」說話的那個人因為你打斷他說話，絕對不會對你有好感。

那些不懂禮貌的人，總是在別人津津有味地談著某件事情的時候，冷不防地半路殺進來，讓別人猝不及防。這種人不會預先告訴你，說他要插話了。他插話時會不管你說的是什麼，而將話題轉移到自己感興趣的方面去，有時是把你的結論代為說出，以此得意洋洋地炫耀自己的光彩。無論是哪種情況，都會讓說話的人頓生厭惡之感。

在商務宴會上，你時常可以看到你的一個朋友和另外一個不認識的人聊得起勁。此時，你可能就會有加進去的想法。

你不知道他們的話題是什麼，而你突然加入，可能會令他們覺得不自然，也許因此話題接不下去。更糟的是，也許他們正在進行著一項重大的談判，卻由於你的加入使他們無法再集中思想而無意中失去了這筆交易；或許他們正在熱烈討論，苦苦思索解決一個難題，正當這個關鍵時刻，也許就由於你的插話，導致對他們有利的解決辦法告吹，到後來場面氣氛就會轉為尷尬，而無法收拾。

當你與上司交談時，更不能自以為是地隨便打斷他說話。上司為你安排工作的時候，會做出各項說明，通常他們的話只是說明經過，或許結論並不是你想的那樣。中途插嘴表示意見，除了讓上司認為你很輕率之外，也表示你蔑視上司。

如果對方與你說話的時間明顯拖得過長，他的話不再吸引人，令人昏昏欲睡，甚至已經引起大家的厭惡，你就不得不中斷對方的話了。這時，你也要考慮在哪一個段落中斷為好，同時，也應照顧到對方的感受，避免給對方留下不愉快的印象。

雖然在別人講話時說話是十分不禮貌的，但如果有必要表明你的意見，非要打斷他的講話，那麼，你就必須十分注意自己的說話技巧。

當你要找交談著的某個人處理事情時，可以先給他一些小的暗示，他一般會趁機和你說話。但要注意的是，你不要靜悄悄地站在他的身旁，好像在偷聽一樣。你可以先向他們打個招呼：「很對不起，打斷你們一下。」當他們停止交談時，用盡可能簡潔的語言說明來意，一旦事情處理完畢，立即離開現場。

如果你想加入他們的談話，則可以找個適合的機會，禮貌地說：「對不起，我可以加入你們的談話嗎？」或者，大方客氣地打招呼，叫你的朋友互相介紹一下，就不會有生疏的感覺。

交談過程中，如果你想補充另一方的談話，或者聯想到與談話有關的情況，想即刻作點說明，可以對講話者說：「我插一句」，或者說「請允許我補充一點」，然後，說出自己的意見。這樣的插話不宜過多，以免擾亂對方的思路，但適當加一點，可以活躍談話的氣氛。

如果你不同意對方的看法，一般也不要打斷他的談話。但是，如果你們比較熟悉，或者問題特別重要，也可以先表示一下態度，待對方說完後再作詳細闡述。但不管分歧有多大，決不能惡語傷人或出言不遜。即使發生了爭吵，也不要斥責、譏諷對方，最後還要友好地握手告別。

溝通處方

在交談中，有些人總是時不時地打斷別人的談話，經常插話。他們甚至認為這種插話是一種聰明的表現。其實，這樣的觀點是錯誤的。

在人面前炫耀自己適得其反

有個人約了幾個朋友來家裡吃飯，這些朋友彼此都是熟悉的。主人把他們聚攏來主要是想借著熱鬧的氣氛，讓一位目前正陷入低潮的朋友心情好一些。

這位朋友不久前因經營不善，關閉了一家公司。妻子也因為不堪生活的壓力，正與他談離婚的事。內外交迫，他實在痛苦極了。

來吃飯的朋友都知道這位朋友目前的遭遇，都避免去談與事業有關的事，可是其中

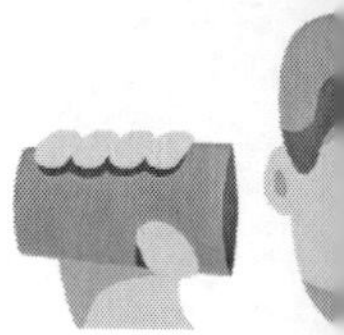

一位姓韓的朋友因為目前賺了很多錢，幾杯酒下肚，忍不住就開始談他的賺錢本領和花錢功夫，那種得意的神情，連主人看了都有些不舒服。

那位失意的朋友低頭不語，臉色非常難看，一會兒上廁所，一會兒去洗臉。後來，他猛喝了一杯酒，趕早離開了。主人送他出去。在門口，他憤憤地說：「老韓會賺錢也不必那麼神氣地炫耀啊！」

主人了解他的心情，因為多年前他也遇過低潮，正風光的親戚在他面前炫耀薪水、年終獎金，那種感受，就如同把針一支支插在心上一般，說有多難受就有多難受。

在朋友面前，千萬不要炫耀自己得意的事。如果你只顧炫耀自己得意的事，對方就會疏遠你。於是，你不知不覺中就失去了一個朋友。

在與朋友溝通時，也許你與朋友過往甚密，無話不談；也許你的才學、家庭、相貌、前途等令人羨慕，高出朋友一頭，這些有利的條件可能會使你不分場合、無所顧忌、鋒芒畢露、毫無節制地表現自己，言談中往往會流露出一種明顯的優越感，令人感到你是在居高臨下地對人講話，有意炫耀抬高自己，使別人的自尊心受到傷害。

在與朋友交往時，不要在他們面前炫耀自己，並時刻注意想到對方的存在，照顧對方的心理承受力。

在職場上，自己的專業技術很優秀，得到老闆的賞識，但這些不能成為在同事面前

在人面前炫耀自己適得其反

炫耀的資本。談成了一筆業務，老闆給了「紅包」，你可以心花怒放，也可以喜形於色，但你用不著在辦公室裡自我炫耀，自我吹噓。眾人在恭喜你的時候，說不定也在嫉恨你。更何況，「山外有山，人外有人」，「強中更有強中手」，一個好的企業一定是臥虎藏龍之地，有的人深藏不露卻身懷絕技，有的人其貌不揚但身手不凡。一味盲目地炫耀，你往往馬上會成為別人的笑料。

別把自己太當回事，坦誠而平淡地生活，沒有人認為你卑微、怯懦和無能。如果你老是把自己當作珍珠，還時不時地拿出來炫耀，生怕別人不知道，結果只能傷害了自己。

一隻青蛙和兩隻大雁結成了朋友。秋天來了，大雁要飛回南方，牠們對青蛙說：「要是你也能飛上天多好啊。」青蛙靈機一動，讓兩隻大雁銜住一根樹枝，然後自己用嘴銜在樹枝中間，隨著大雁一起飛上了天。地上的青蛙們都羨慕地拍手叫絕，問：「是誰這麼聰明啊？」那隻青蛙生怕錯過了表現的機會，於是大聲說：「是我……」話還沒說完，那隻青蛙便從空中掉了下來。

越是把自己看得了不起，孤傲自大的人，別人越會瞧不起他，喜歡找出他的缺點。平時不要炫耀自己，要謙遜地對待別人，這樣才能博得對方的支持，為你的事業奠定基礎。當你以謙遜的態度來表達自己的觀點或做事時，就能減少一些衝突，還容易被他人接受。即使你發現自己有錯時，也很少會出現難堪的局面。

現代社會提倡要勇於展示自己的才華，但展示畢竟不同於炫耀。在他人面前炫耀自己，不管怎麼說都是缺乏涵養的表現，更重要的是，可能會讓別人產生敬而遠之的想法，破壞與他人的和諧溝通。

你的得意襯托出別人的倒楣，甚至會讓對方認為你炫耀自己的得意之事，便是嘲笑他的無能，讓他產生一種被比下去的感覺。特別是面對失意的人，你在他面前炫耀自己的得意之事，他會更惱火，甚至討厭你。

聰明的人會將自己的得意放在心裡，而不是放在嘴上，更不會把它當作炫耀的資本。和朋友交談，可以多談他關心和得意的事，這樣可以贏得對方的好感和認同。

有一個人剛跳槽到一家公司的那段日子裡，幾乎在同事中連一個朋友也沒有。他自己也搞不清是什麼原因。

原來，這個人認為自己正春風得意，對自己的機遇和才能相當滿意，幾乎每天都在向同事炫耀他在工作中的成績，炫耀每天有多少人找他請求幫忙等等的「得意之事」。但同事聽了之後不僅沒有人分享他的「得意之事」，而且還極不高興。

後來，在與父親閒聊時，父親一語點破，他才意識到自己的癥結到底在哪裡。從此，他很少在同事面前炫耀自己的得意之事。每當他有時間與同事閒聊的時候，總是讓對方滔滔不絕地把他們的得意炫耀出來。久而久之，他的同事都成了他的好朋友。

每個人都非常喜歡談論自己的得意之事，都希望別人重視自己、關心自己。如果你讓他談出自己的得意之事，或由你去說出他的得意之事，他肯定會對你產生好感，肯定會與你成為好朋友的。

溝通處方

別把自己太當回事，坦誠而平淡地生活，沒有人認為你卑微、怯懦和無能。如果你老是把自己當作珍珠，還時不時地拿出來炫耀，生怕別人不知道，結果只能傷害了自己。

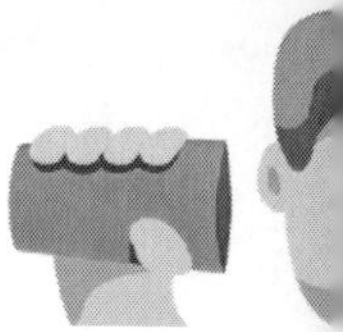

相互信任才好溝通

從前，有個商人過河時船沉了。他抓住一根大麻桿大聲呼救。有個漁夫聞聲趕到。商人急忙喊：「我是個大富翁。你若能救我，我給你一百兩金子。」

被救上岸後，商人卻翻臉不認帳了，只給了漁夫十兩金子。漁夫責怪他不守信用，出爾反爾。商人說：「你一個打魚的，一生都賺不了幾個錢，突然得十兩金子還不滿足嗎？」漁夫只得怏怏而去。

不料，後來那商人又一次在原地翻船了。有人想去救他，那個曾被他騙過的漁夫剛好路過，說起了上次商人說話不算數的事情。於是，沒有人願意去救商人，商人最後被淹死了。

商人兩次翻船而遇上同一個漁夫是偶然的，但商人的下場卻是意料之中的。因為一個人若不守信，便會失去別人對他的信任。一旦他處於困境，便沒有人願意出手相救。失信於人者一旦遭難，就只能坐以待斃。

在工作中，上司和下屬彼此之間建立相互信任的關係，合作才有可能。上司應該給予下屬充分的信任，不過分干預下屬職責範圍內的工作，為下屬創造良好的工作環境。下屬也要將公司的目標和利益放在第一位，盡量為企業創造價值，重大決策與上司協商，以爭取上司的理解和支持。上司只有充分地信任下屬，才能換來下屬對上司的信任。「用人不疑，疑人不用」講的就是這個道理。

朋友之間的友誼也貴在信任。一個值得交的朋友，是需要一輩子長久經營的。在這麼長的相處時間裡，彼此之間的信任是最重要的基礎。如果兩個人不能相互信任，產生了猜忌和懷疑，友誼就難以長久了。

想要讓對方信任你，你應該做出能讓對方信任的姿態，如此才能達到雙方相互信任。

■ **做出承諾就一定要兌現**：有個叫季布的人，一向說話算數，信譽非常高。許多人都同他建立起了深厚的友情。當時甚至流傳著這樣的話：「得黃金百斤，不如得季布一諾。」後來，季布得罪了漢高祖劉邦，被懸賞捉拿。結果，他舊日的朋友不僅不被重金所惑，而且冒著滅九族的危險來保護他，使他免遭禍殃。

由此可見，一個人誠實有信，自然會得道多助。反過來說，如果貪圖一時的安逸或小便宜，而失信於別人，表面上是得到了「實惠」，實際上卻為了這點實惠毀了自己的聲譽，而聲譽相比於物質重要得多。所以，失信於別人，是得不償失的。

■ **靠自己的能力做事**：取得別人的信任，還要靠自己的能力。如果具備值得別人肯定的素養，同樣會得到別人的喜歡。能力是占第一位的，無論做什麼事情，具有很強的能力，總會贏得尊重，取得別人的肯定與信任。

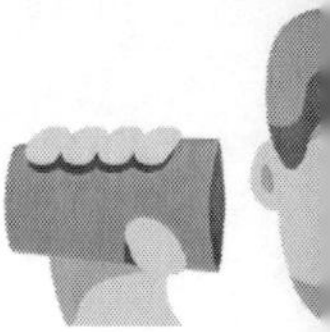

- **和人交談時改變姿勢**：當你和別人交流的時候，不管對方是誰，如果你看到對方身體採取了一種姿勢，你可以不動聲色地換成和他一樣的姿勢。當他改變的時候你也跟著改變，這其實很難被人覺察到，但是會建立起一種彼此間的信任感，加強他對你的好感，使溝通更容易，因為人的想法往往隨著身體姿勢的改變而發生改變。
- **首次見面時給對方留下好印象**：與人初次見面，語速慢一些更容易獲得對方好感；對待傲慢的人，態度也應該適當地強硬，才能真正獲得對方的尊重；要坦誠地去面對身邊的人，當你對別人以誠相待時，別人也會以同樣的方式對待你。

溝通處方

人與人之間的交往是建立在信任的基礎之上的。相互之間不信任的人們，是不可能正常的溝通的，更不可能有效的溝通。

熱情過度反而不好

一天中午，史先生由於工作上的需要，陪一位外賓來到一家五星級大飯店的中餐廳，找了個比較僻靜的座位坐下。剛一入座，就有一位女服務員熱情地為他們服務。

這位女服務員先是替二人鋪好餐巾，擺上碗碟與酒杯，給他們倒滿茶水，遞上熱毛巾，然後站立在一旁等待上菜。

當一大盆「西湖牛肉羹」端上來後，這位女服務員先為他們報了湯名，接著為他們盛湯，盛了一碗又一碗。開始的時候，這位外賓以為這是吃中餐的規矩。在史先生告訴外賓用餐隨客人自願後，女服務員要為外賓盛第四碗湯時，外賓婉言謝絕了。

吃了一會兒，外賓放下餐具，從衣服口袋裡拿出一盒香菸，抽出一支拿在手上。那位女服務員趕忙跑到服務臺拿了個打火機，走到外賓跟前說：「先生，請您抽菸。」說著，便熟練地打著火，送到外賓面前，為他點菸。然後，她又用公筷向史先生和外賓的碗裡夾菜。女服務員的過度熱情，讓這位外賓感覺都透不過氣來了。

這位外賓匆匆吃了幾口，就結帳離開了這家餐廳。

這就是熱情過度的典型案例。外國人所注重的「關心有度」中的「度」，實際上就是其個人自由。一旦當對方的關心有礙其個人自由，即被視為「過度」之舉。所以，儘管服務員滿腔熱情地為客人提供服務，但客人不僅不領情，反而流露出厭煩或不滿的情緒。

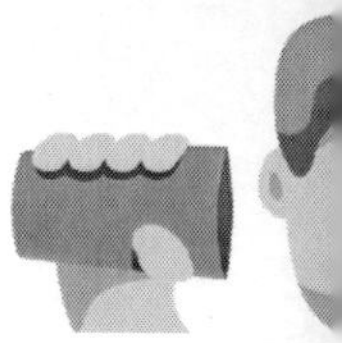

人是有差別的。有的人喜歡跟熱情的人交流，有的人卻不喜歡跟太熱情的人打交道，這與人的性格有關。尤其在與對方不是很熟悉的情況下，不要表現得太過熱情，太過熱情了反而可能讓對方覺得有點假。

初入社交圈中的人常犯的一個錯誤就是「好事做到底」，以為自己全心全意為對方做事會關係融洽、密切。然而，事實上並非如此，因為人不能一味地接受別人的付出，否則心理會感到不平衡。「滴水之恩，湧泉相報」，這也是為了使關係平衡的一種做法。如果好事一次做盡，使人感到無法回報或沒有機會回報的時候，愧疚感就會讓受惠的一方選擇疏遠。好事不應一次做盡，這是平衡人際關係的一個重要準則。

如果你想幫助別人，而且想和別人維持長久的關係，那麼不妨適當地給別人一個機會，讓別人有所回報，這樣才不至於因為讓對方內心的壓力過大而疏遠了你們的關係。

冬天來了，天氣變得越來越冷。森林中有十幾隻刺蝟凍得直發抖。為了取暖，牠們想到了幾種方法。

第一種方法是牠們緊緊地靠在一起，但卻因為忍受不了彼此的長刺，很快就各自跑開了。第二種方法是圍著火堆取暖。牠們點起火堆，但由於彼此離得太遠，火堆很快被風吹滅了。

天氣越來越冷了，牠們又想要靠在一起取暖。然而靠在一起時的刺痛，使牠們又不

熱情過度反而不好

得不再度分開。就這樣反反覆覆分了又聚，聚了又分，不斷在受凍與受刺的兩種痛苦之間掙扎。

最後刺蝟們終於找出了一個適中的距離，既可以相互取暖，又不至於被彼此刺傷。

孔子一生非常注重與人的交往，也很注重交友原則。孔子認為，交友太過疏遠和太過親密都不是最佳狀態，也就是所謂「過猶不及」。

畫家鄭板橋在交結朋友方面很注重交情，同時也與朋友親疏有度，保持恰當的距離，對朋友去留、結交和散夥都順其自然，所以他深受文人雅士推崇。君子之交，應重在心靈的交流。朋友之間的交流應「淡而不斷」。交往過密便有勢利之嫌，而斷了「交往」，時間便會無情地沖淡友情。

有句老話：「君子之交淡如水。」結朋交友，親疏有度，是一種健康有益的交友態度。太親近了，會使人覺得為友所累，讓朋友覺得自己是個負擔；而太疏遠了，又會使朋友感到形同陌路，失去了作為朋友的本來意義。

交友的最佳狀態就是掌握親疏的分寸，在若有若無間體會交友的樂趣，領悟甘苦參半的人生真諦。

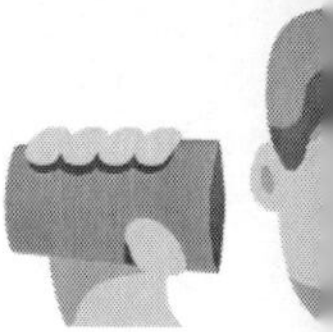

溝通處方

與對方不是很熟悉的話，不要表現得太過熱情，太過熱情了反而可能讓對方覺得有點假。

玩笑不要開大了

愚人節的前一天，蔣先生接到一個旅居國外的朋友的電話，說第二天要來拜訪，詳細告訴了蔣先生是幾點的航班，請蔣先生到機場去接，並幫他預訂飯店。見是關係很不錯的朋友，蔣先生儘管工作很忙，還是滿口答應了。

第二天，蔣先生先幫這個朋友訂好了飯店，又開車趕到機場去接，但苦等五個多小時也沒見到那個朋友，卻只收到那個朋友發來的短信，說：「今天是愚人節，跟你開個玩笑。」

蔣先生很生氣，認為那個朋友的玩笑開得太過分了。自此，蔣先生對那個朋友失去了信任，與他的關係也就疏遠了。

一般情況下，開玩笑往往把聚在一起的某人做為對象，利用他的缺失，造成一個笑話；或利用他平常的言行，製造一個笑話。但是，取笑也要有個分寸，在分寸以內，大家歡樂；超過了分寸，便要搞得不歡而散了。

笑話的內容，要針對聽笑話的人。對有地位、有學問的人說粗俗的笑話，會顯出你的鄙陋；對普通人說高雅的笑話，他們無法領會，不會覺得好笑。

在日常聊天中，開個得體的玩笑，可以鬆弛神經，聯絡感情，活躍氣氛。不過，開玩笑也要講究分寸，如果玩笑開得不好，不僅達不到聊天的本來目的，還可能適得其反，傷害彼此的感情。

開玩笑需要講究分寸，也同樣適用於職場當中。比如，當以前的同學或朋友，成為自己的上司時，不要自恃過去的交情就與上司隨便開玩笑，特別是有別人在場的情況下，更應該格外注意。上司永遠是上司，最好不要期望在工作崗位上能成為朋友。另外，也不要大大咧咧總是在開玩笑。因為這樣時間久了，在同事面前就顯得不夠莊重，得不到同事的尊重；在主管面前，會顯得不夠成熟，不夠踏實，主管很難信任你，不能對你委以重任。

如果你在辦公室工作，不論日後是想仕途得意平步青雲，或是想就此默默無聞地過太平日子，都要在辦公室這個無風還起三尺浪的地方注意開玩笑的藝術。即使是最輕鬆的玩笑話，也要注意掌握分寸。

每個人的性格、脾氣和愛好不同，因而開玩笑首先要因人而異，還要注意長幼關係。長者對幼者開玩笑，要保持長者的莊重身分；幼者對長者開玩笑，要以尊敬長者為

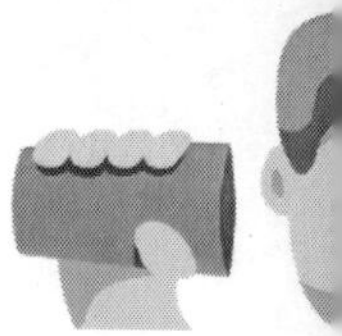

前提。開玩笑還要注意男女有別。男士一般對語言的承受能力較強，一般的玩笑不會讓男士感到太尷尬；而女士則不同，不得體的玩笑很容易讓女士難堪，甚至下不了臺。所以，開玩笑前一定要先想一下，對方的性格是什麼樣的，你和對方的關係如何，你開這樣的玩笑對方是否能接受。

最好不要隨意拿感情上的事開玩笑。特別是對於那些很重感情、很認真的人來說，在感情上開玩笑，不是說開完就完了，有可能留下「後遺症」。受傷害的人可能會很長一段時間都不能原諒那個開玩笑的人。

有一對青年男女正在談戀愛。有一天，男生突然對女生說：「我們分手吧！」女生問：「什麼理由？」男生想想說：「沒有理由才說明我們需要分手了。」女生自然很是傷心，但也不想勉強別人。兩天後，男生又出現了，笑稱：「那天是『愚人節』。我說分手是和妳開玩笑呢。」女生聽後異常氣憤，認為感情的事不能當作兒戲，斷然與男生分手了。若干年後，那位男生還在為當年的事後悔。

開玩笑最好是在比較密切的朋友之間。有一定感情基礎，在一起開個玩笑，朋友一般不會介意。但是如果關係一般，或者平常較少聯絡，冷不丁開個不大不小的玩笑出來，首先會令人感到莫名其妙，不僅收不到玩笑預期的效果，還會令對方猜測半天：「你什麼意思啊？」

開玩笑原本是一件好事。恰到好處的玩笑可以讓大家開懷一笑，活躍一下嚴肅的氣氛，消除對方的緊張感和敵意，拉近人們彼此之間的距離。許多大人物都是開玩笑的高手，能在不同的場合與不同的人們交流得很融洽。然而，許多開玩笑者原本沒有惡意，開的玩笑卻不恰當，往往弄巧成拙，搞得對方不愉快，反而影響了雙方的感情。

在開玩笑時注意到以下幾個方面，可以收到良好的效果。

■ **宗教和民族禁忌**：在各式各樣的玩笑中，有幾類玩笑絕對是禁區。比如，對方的宗教問題和對方的民族問題。對於一個信仰某宗教的人，無論你對該宗教的態度如何，對方總歸是對其有一種絕對的信仰和崇拜，將其視為神聖不可侵犯的，如果你開的玩笑是貶低或者侮辱該宗教的，對方肯定會對你充滿了敵意。一個正常的人，總歸是熱愛自己的民族，所以你不要拿貶低或者侮辱對方的民族來取笑。

■ **對方對玩笑的態度**：每個人的性格都是不一樣的。有些人喜歡開玩笑，你越是跟他開玩笑，他越是覺得你在把他當朋友，這種人開得起玩笑；有些人正好相反，天生嚴肅認真不苟言笑，你稍微說得過了一點，他就當真，這種就屬於開不起玩笑的人。對於後者，你最好還是不要冒這個險，和他開的玩笑，萬一他沒笑，反而認真起來就不好玩了。

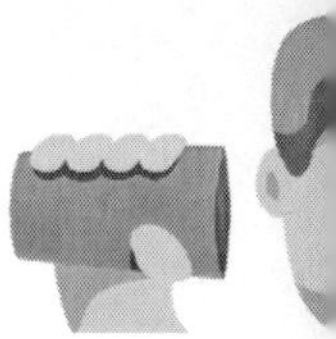

- **不要揭對方的短**：即使面對的是一位開得起玩笑的人，你開玩笑的時候還是要注意，千萬別有意無意中揭了對方的短處。比如，你講了一個取笑胖子的笑話，一般的人聽了就一笑而過，可是如果聽眾當中正好有一位比較胖的人，他就會覺得很受傷，偏執點的可能還會認為你是專門針對他的。所以，開玩笑要稍微了解一下對方的情況，對於對方的生理缺陷、性格弱點之類的，千萬不要拿來取樂，即使是無意的也不好。
- **分清楚時機和場合**：有些人平時明明是開得起玩笑的人，也很愛開玩笑，但是在特定的時期，他可能會變得與平時不一樣。比如，他最近生活上、工作上、感情上遇到了挫折，情緒變得很不好，你這個時候和對方開玩笑，就顯得不合時宜了。所以，如果看到原本陽光燦爛的人，突然變得愁容滿面或者滿臉憂傷時，你在想和他開玩笑之前就得掂量一下了。

溝通處方

在日常聊天中，開個得體的玩笑，可以鬆弛神經，聯絡感情，活躍氣氛。不過，開玩笑也要講究分寸，如果玩笑開得不好，不僅達不到聊天的本來目的，還可能適得其反，傷害彼此的感情。

避免陷入冷場而難以溝通

小靖曾有過一次痛苦的愛情經歷。她愛男朋友如醉如痴，可是，她的男朋友卻腳踏幾條船，終於拋棄她跟別的女孩子浪漫去了。

一次，她與第二位男朋友小夏約會時，小夏問她：「妳對愛情中的到處撒網，重點捕魚，怎麼看？」

沒想到小夏話一出口，小靖不但沒搭理他，臉色霎時變得很難看。

小夏明白自己誤入了情人的「雷區」，趕緊補充道：「啊，請別介意，我是說，我有一個諷刺對愛情不忠的故事獻給你，故事說有一個對太太不忠的男人，經常趁太太不在家把情婦帶回家過夜，但又時常擔心太太會發覺。所以，有一天晚上，他突然從夢中驚醒，慌忙推著身邊的太太說：『快起來走吧，我太太回來了。』等他的太太也從夢中清醒，他一下子傻了眼。」

還沒等小夏講完，小靖已被他的幽默故事給逗得喜笑顏開。

小夏運用故事首先轉移了談話的方向，然後用幽默的感染力，淡化了因說話不慎而給小靖帶來的不快情緒，從而自然而巧妙地把可能出現的「冷場」給轉變過來，贏得了心上人的開心一笑。

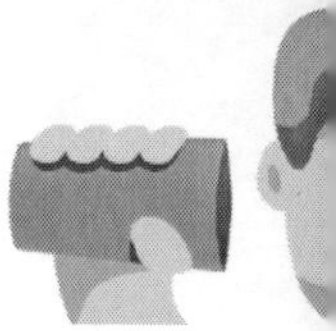

有時候，冷場是由對方造成的，這時候，我們就應該採取措施，調動對方，打破冷場。

尋求共同點是一個不錯的方法。如果是對方對此話題不感興趣，這時就要轉移話題，尋找雙方共同感興趣的話題和雙方可以接受的觀點。這些話題最好就是身邊的，具體而生動的。當雙方談話得不順利時，如果外面有刺耳的汽笛聲，你就可以說：「這麼大的噪音，讓人受不了。」對方也有同樣的感受，可能他因此就又和你交談起來了。

一位記者去採訪一位科學家。到了科學家那裡，記者看到牆上掛著幾張風景照，於是就談起了構圖、色調……原來這位科學家愛好攝影。他興致勃勃地拿出了自己的相冊，談話氣氛非常融洽。正是由於這種氣氛，使後面的正題採訪得非常順利。

在社交場合，出現冷場是每個人都不願看到的局面。如果不及時打破這種沉默的場景，那麼必然會影響到交際氣氛，進而影響到交際的效果。你若沉穩適時地化解這種尷尬的場面，必將為溝通的深化鋪平道路。

在談話開始的時候，你就要一直把注意力集中在眼前正在交談著的一切資訊上，抓住每一個要點，思考每一句話的意義，從眼前開始去不斷擴展談話的題材，那麼你思想的源泉就會不斷湧出，談話的線路也就暢通無阻。

交談時的「冷場」，並不總是出現在開始，有時你與對方談著談著，他突然沉默起來，你也忽然感到無話可說了。這多半是因為你們的注意力沒有高度集中在交談上，沒有在眼前所見所聞中擴展你們的思想，或者沒有把你們的思想和眼前的一切連繫起來，所以本來談得很好的話題，突然「短路」了。

能夠做到專心致志地與人談話，積極對談話內容做出反應，不斷「刺激」談話的發展，提高談話的熱度，那麼，你們的談話就會在一來一往，你言我語，談笑風生中進行。

如果你與對方的志趣不同，當然很容易使人感到「話不投機半句多」，難以產生共鳴。不過，不同未必就一定找不到任何共同點。

比如，你愛讀書寫字，他愛唱歌跳舞，可能共同的話題要少一點，但你們總要看電影、看電視吧。不談讀書寫字，也不談唱歌跳舞，而是從評價當前國內外的電影、電視節目入手，總可以找到共同語言吧？你們可以圍繞電影、電視中的情節、人物、表現手法、表演藝術等交換看法。

在討論的過程中，各自對人生、對社會、對是非的觀念都可以展示出來，從而達到互相了解的目的。如果他連對藝術的興趣也沒有，你們還可以談談時事新聞、軼聞趣事、最近的熱門話題，或者談談工作中遇到的問題等等。

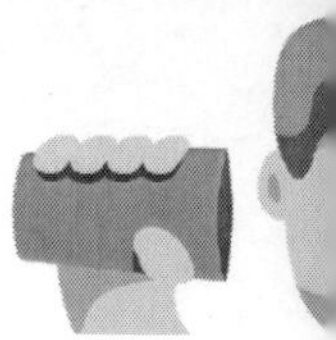

如果你們的工作相同或相近，那話題就更多了。你可以談工作中的甘苦成敗，談你遇到的那些不好解決的問題，還可以談衣、食、住、行等大眾話題。

以下的建議和方法可以教會你在無話可說的時候說什麼，避免無話可說的尷尬局面出現。

- **不要退縮**：無話可說時，不要退縮，也不要灰心。在心裡默默地責怪自己或對方於事無補，你應該嘗試一些新的東西、新的話題，雖然這在開始的時候很困難。
- **注意當下**：把注意力集中在此時此刻的事情，必須注意到你在說什麼，你在想什麼，你的情緒怎麼樣，對方又在說什麼、想什麼，他的情緒怎麼樣，你們之間在做什麼。即便你們的話題是涉及過去、未來或者其他人，你的注意力也要放在眼下的交流。特別要注意的是情緒，它往往是無話可說的罪魁禍首。
- **想好再說**：花時間和精力想想你想和對方交流些什麼。不要不經過大腦開口就說，而又沒有主題。當然了，沒有刻意準備的交流是日常生活的一部分。但有時候如果你多考慮一下交流的技巧會讓你的生活更愜意。特別是當別人不理解你或不重視你的時候，為交流做些準備是必要的。

■ **耐心傾聽**：交流過程中要給對方一些時間和空間。不要打斷他的話或者接話頭，要知道你是希望和別人交流而不是演講、獨白，或爭吵。一定要學會真正傾聽。

■ **別和感覺爭辯**：記住對有些人來說，感覺就是事實。你的朋友可能和你的感覺不同，和他們的感覺爭辯你永遠也贏不了。如果他們是感覺型的人的話，你只有去尋找你們的相同點。

■ **正視誤解**：面對這樣的事實：你所理解的東西可能並不是人家要表達的，這時你需要向你的朋友重複一遍他的話，說出你的理解，並徵求他的意見。這會消除誤會，也為深入交流打好基礎。

溝通處方

在社交場合，出現冷場是每個人都不願看到的局面。如果不及時打破這種沉默的場景，那麼必然會影響到交際氣氛，進而影響到交際的效果。你若沉穩適時地化解這種尷尬的場面，必將為溝通的深化鋪平道路。

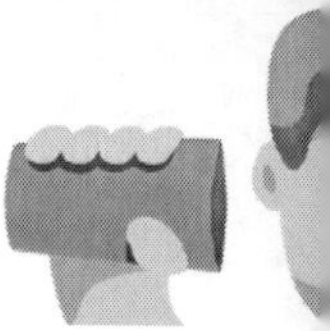

面對分歧，求同存異

一家化妝品公司的推銷員去拜訪一位老客戶，沒想到客戶一見到推銷員就說：「你怎麼還好意思來推銷你們的產品？」

這句話把推銷員說愣了。經過詢問，推銷員才明白，原來，客戶認為他們剛購入的化妝品並不適合北方人的膚質，而此化妝品正是這位推銷員推薦的。

推銷員很快鎮定下來，微笑著說：「其實我和您的觀點一樣，如果這批化妝品不適合北方人保溼的要求，那你們就會退貨，對不對？」

「是的。」

「按照北方的氣候，化妝品保溼效果應該在十二小時左右，對不對？」

「是的，但是在使用你們的化妝品後，不到十個小時，實驗模特的臉就有緊繃的感覺了。」

推銷員沒有馬上為自己辯解，只是問了一個問題：「這個房間的溫度是多少度？」

「我們的冷氣設定在二十四度。」

「房間因為加裝了冷氣又沒有開窗，幾乎處於全封閉環境中，冷氣房間的溼度比一般室外的溼度還要低，是這樣嗎？」

客戶點點頭。

面對分歧，求同存異

推銷員繼續說：「我們這一款產品，所設定的保溼度是在常溫狀態下對皮膚所起的保溼作用，不同的溫度環境下肯定有一點差別，但並不代表我們的產品沒有做到十二小時的保溼效果。」

客戶聽後，便恍然道：「你說得有道理。」

最後，雙方的合作不但沒有終止，這位客戶還追加了一批貨物。

如果推銷員一味強調自己的產品多麼好，產品沒有達到效果，那是你們的環境所致，和產品的品質沒有關係，這樣說肯定會引起對方的憤懣和爭辯。相反地，推銷員透過引導，讓對方承認產品沒達到效果是因為他們的使用環境不合適，這就能順利地引導對話向良性的方向發展。

在溝通過程中，最基本的一條原則就是求同存異。所謂求同就是追求共同目標，有共同喜好。所謂存異就是指在某些問題上，如果雙方觀點不能達成一致，應該允許對方擁有不同觀點，保留自己的意見，而不是強求對方接受自己的觀點。

在生活中，兩個性格相投的人很容易成為好朋友，可是即使關係很融洽，希望成為親密無間的好友也不是一件容易的事。原因何在？這是因為人心是非常複雜的，人與人即使志趣相投，也不可能透澈地了解和理解對方。因為每個人都是獨立存在的「這一

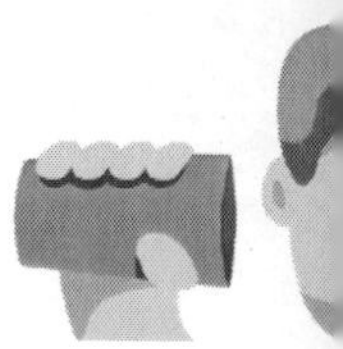

個」，由於生活環境、知識、人生閱歷的不同，必然產生差異，觀點不可能完全相同。即使是同一個人，脾氣也會隨著外界環境的變化而改變，更不用說是兩個人了。有時候，朋友之間難免會發生爭執。我們在談話的時候，應該注意盡量不要把談話的重心放在「異」上，而應該放在「同」上。

與別人交談，不要先討論你們觀點不同的一面，而是應該不斷強化與對方相同的一面。這樣才能接近彼此的距離，達到你的目的。

人與人溝通的過程中，不管雙方的分歧有多大、矛盾有多深，總會有一些共同語言、利益以及願望等等。一個人要會利用這些共同點，創造出「是」的局面，心平氣和地與人討論，這才是可遵循的溝通之道。當你承認別人「是」的時候，對方就處於放鬆的狀態中，這種狀態可以讓對方冷靜地權衡事實，接受你的意見。

在人際溝通中，不管是與關係很好的朋友，還是初次見面的陌生人，都應該堅持求同存異的原則溝通。這是對別人的尊重，也是給自己帶來好人緣的重要方法。懂得了這一點，你在人際溝通中就能夠如魚得水，遊刃有餘，靈活自如地處理各種人際關係。

公司的經營者通常會欣賞和重用任勞任怨、負責盡職的員工；而對滿腹牢騷、得過且過的員工，經營者則不會重用並感到頭痛，甚至想把這樣的員工辭掉。而曾任本田公司副總經理的西田通弘則反對把後者開除。他認為上上之策是：一方面容忍，一方面要盡力把不滿情緒減至最小程度。

他舉了這樣一個例子來說明他的觀點。

> 森林並非整整齊齊只栽種一種樹木。一片茂密完整的森林必定包括二三十公尺高的挺拔大樹、十幾公尺左右的次高樹木、兩三公尺的低矮樹木以及雜草等。假如只栽種挺拔的大樹，把矮樹與雜草全都剷除的話，留下來的大樹就會逐漸衰弱，最後枯黃死亡。同樣的道理，如果把不合己意的異議分子開除的話，就像在森林裡剷除矮樹與雜草一樣，企業就難以長久地發展。

人的弱點之一就是希望別人欣賞、尊重自己，而自己又不願意去欣賞和尊重別人。客觀地觀察別人和自己，你會驚奇地發現，原來自己還有許多不足，而身邊的人都有值得學習、借鑑的地方。我們不能因為別人有一點比你差的缺點就去否定別人，而應該因為別人有一點比你強的優點去欣賞和尊重別人，肯定別人。

用欣賞人、尊重人的方式與別人溝通有許多好處：其一，成本最低，不用花費金錢去請客送禮，不用偽裝自己去浪費感情；其二，風險最低，不必擔心當面奉承背後忍不住發牢騷而露餡，不必擔心講假話，提心吊膽，夢寐不安；其三，收穫最大，因為你能

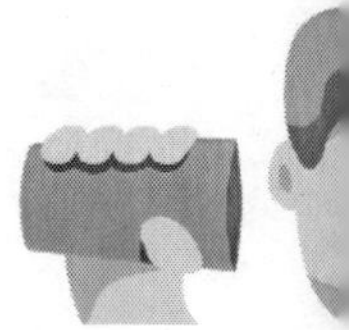

真心尊重和欣賞別人，你便會學習別人的優點去克服自己的弱點，使自己不斷地完善和進步。

人與人之間往往由於經歷、立場等方面的差異，對同一個問題會產生不同的看法，當同事之間由於工作原因發生分歧時，千萬不要過分爭論，不能強求他人接受你的觀點。面對問題，特別是在發生分歧時要努力尋找共同點，爭取求大同存小異。

溝通處方

人與人溝通的過程中，不管雙方的分歧有多大、矛盾有多深，總會有一些共同語言、利益以及願望等等。一個人要會利用這些共同點，創造出「是」的局面，心平氣和地與人討論，這才是遵循的溝通之道。

電子書購買

國家圖書館出版品預行編目資料

別自以為很有道理，其實他人都在笑你：假裝糊塗、正話反說、自我解嘲，巧妙化解尷尬氣氛，讓你完美控制全場 / 許奕廷，布德編著 . -- 第一版 . -- 臺北市：崧燁文化事業有限公司，2022.10

面；　公分

POD 版

ISBN 978-626-332-755-9(平裝)

1.CST: 溝通技巧 2.CST: 人際關係

177.1　　111014796

別自以為很有道理，其實他人都在笑你：假裝糊塗、正話反說、自我解嘲，巧妙化解尷尬氣氛，讓你完美控制全場

臉書

編　　著：許奕廷，布德

發 行 人：黃振庭

出 版 者：崧燁文化事業有限公司

發 行 者：崧燁文化事業有限公司

E-mail：sonbookservice@gmail.com

粉 絲 頁：https://www.facebook.com/sonbookss/

網　　址：https://sonbook.net/

地　　址：台北市中正區重慶南路一段六十一號八樓 815 室

Rm. 815, 8F., No.61, Sec. 1, Chongqing S. Rd., Zhongzheng Dist., Taipei City 100, Taiwan

電　　話：(02) 2370-3310　　　傳　　真：(02) 2388-1990

印　　刷：京峯彩色印刷有限公司（京峰數位）

律師顧問：廣華律師事務所 張珮琦律師

定　　價：420 元

發行日期：2022 年 10 月第一版

◎本書以 POD 印製